# LES FEMMES ET LE DÉVELOPPEMENT :

## *Abeilles et Fourmis*

*Aux femmes qui le sont nées*
*et aux femmes qui le sont devenues !*

*Françoise RAMOND*
*Brigitte de PANTHOU*
*Marie Paule de PINA*

ECONOMICA
49, rue Héricart, 75015 Paris

# Femme

Enfant de femme
Peut-être mère demain,
Quand tu regardes le monde
Le ciel te paraît parfois gris.

Que tu vives en Afrique,
Ployée sous ton fardeau de bois,
Que tu naisses en Amérique latine,
Inventant ces petits métiers de rue,
Ou que tes cieux soient ceux de l'Asie,
Où tu es déesse ou brûlée.
Que tu sois perdue dans une île du Pacifique,
Où l'on imagine ton univers paradisiaque,
Que tu sois dans le vieux continent
Ton destin est le même :
Tu tisses au fil des temps,
L'avenir et l'espoir de tes enfants.

*On te dit fragile.*
*Et tu as toujours fait face.*
*Debout la première dans les rayons d'un soleil levant*
*C'est quand la nuit a baissé son voile*
*Depuis fort longtemps*
*Qu'enfin tu consens,*
*A te laisser aller au rêve du sommeil.*

*Sur ce métier où s'inscrit ton ouvrage*
*Sans te laisser jamais décourager*
*Tu tisses avec force un sillage*
*Où s'inscrit le mot d'égalité.*

*Ce tissu aux couleurs de la vie*
*Prend la forme d'un monde*
*Où vivent des pays*
*Dont les frontières*
*S'ouvrent pour laisser passer*
*Un vent chantant la liberté,*
*Femme mon amie pour laquelle*
*Ce livre est enfin écrit.*

Paule-Nathalie LEFEBVRE

## AVANT-PROPOS

# ELLES SONT TROIS FEMMES

*Elles sont trois, trois femmes. Elles ont en commun de s'être retrouvées en 1985 à Nairobi, au milieu de 13 000 femmes venues du monde entier. Juillet 1985, dans cette Afrique des Nations Unies, le Kenya avait revêtu des accents féminins et féministes, pour mettre un point sur le i de décennie des droits de la femme. Mais ce n'est pas le* **i** *du mot* **fin**, *bien au contraire ! Les 10 ans qui ont passé ont permis aux mouvements de femmes en s'appuyant sur des rapports d'experts, de comprendre que dans la quasi-totalité des secteurs de la vie, l'apport des femmes est essentiel pour l'humanité.*

*Elles n'occupent pas, c'est vrai, comme il conviendrait, des postes de décision. Et pourtant les femmes sur le terrain de la vie quotidienne œuvrent pour le bien-être de toutes et de tous. A la maison ou à l'extérieur, dans les champs ou à la ville, dans le secteur de la santé, comme dans celui de l'éducation, elles sont toujours là, présentes, actives, et quand elles manquent de formation, leur intuition fait le reste.*

*C'est pour témoigner de l'état du monde des femmes en redonnant les témoignages qu'elles ont récoltés que ces trois femmes offrent cette contribution pour que Nairobi ne soit pas un événement sans lendemain. L'esprit souffle, la route continue. Elles s'y sont engagées avec confiance, avec foi, sans complexe. Françoise Ramond est secrétaire générale de l'ACGF (Action catholique générale des femmes), Brigitte de Panthou des Guides de France est présidente de la Commission AOP (Communication / Animation du CCFD), Marie-Paule de Pina est journaliste et rédactrice en chef de Faim Développement Magazine le mensuel du CCFD [(1)]. Elle est aussi correspondante du quotidien " Jornal de Noticias " pour le Portugal en France.*

*Cette moisson, elles l'offrent pour que se continue ce travail de fourmi que des millions de femmes font tous les jours pour tisser l'avenir du monde. Ce*

---

(1) Marie-Paule de Pina a publié en 1987 un recueil de poésie sous le nom de sa mère Paule-Nathalie Lefebvre. " Cap vert, des îles, un futur " au CCFD, 4, rue Jean Lantier - 75001 Paris et un ouvrage chez Karthala " Les îles du Cap vert " dont les droits d'auteur sont destinés à financer un jardin d'enfant pour le premier et un programme de formation de femmes pour le second au Cap vert.

*livre sera vendu au profit de projets de femmes dans le Tiers Monde, où elles sont les abeilles du développement.*

*Ces témoignages ou ces portraits concernent les cinq continents. Pour ce qui est de l'Europe, c'est souvent la France qui fournit l'essentiel des vies éclairées dans cet ouvrage. Normal puisque, Européennes qu'elles sont, les auteurs de ce livre sont françaises et proches de la vie des femmes qui vivent dans cette terre appelée France.*

# PREFACE

## ABEILLES ET FOURMIS

*Le développement n'est pas — et heureusement ! — une affaire reservée aux femmes. Pourtant dans le monde entier, les femmes occupent sur ce terrain une place immense et profonde qui n'est ni connue ni valorisée. A partir de ce constat, le féminisme ne pouvait donc pas ne pas emprunter ce chemin qui lie le Nord et le Sud au-travers d'une solidarité concrète.*

*Ayant rencontré à Nairobi Françoise Ramond (Secrétaire générale de l'ACGF), où elle se trouvait accompagnée de Micheline Fontenas, Présidente du même Mouvement qui regroupe 30 000 femmes, je me suis rendue compte, une fois revenue du Kenya, que Brigitte de Panthou, y avait été elle-même, sans que nous nous soyions vues là-bas. A vrai dire, ce n'est pas étonnant puisque au milieu de 13 000 femmes, il était possible de ne pas se retrouver. De plus, notre objectif, aux unes comme aux autres, était bien de rencontrer des femmes du monde entier ayant d'autres occasions de nous voir à Paris.*

*C'est d'ailleurs rentrées dans notre chère capitale que l'idée a germé de témoigner, ensemble, et à notre manière, de cette évidence qui nous a frappées :* **pas de développement sans les femmes !** *Mais nous avons ajouté :* **pas de développement sans solidarité et sans coopération.**

*Ce dernier mot de " coopération ", nous a conduites tout naturellement jusqu'à la rue Monsieur, siège du Ministère chargé de cette question, où une femme, Christine Desouches a, avec d'autres dossiers, en charge celui des femmes et du développement. Pour l'avoir rencontrée, à un colloque sur l'implosion urbaine, organisé par l'AMPS (Association mondiale de Prospective Sociale) en 1985, ce qui frappe chez Christine Desouches, au premier abord, ce sont deux qualités. Universitaire avec une capacité de synthèse extraordinaire, au-delà de la réflexion.*

*Madame Desouches est une femme de terrain et d'action. Ayant vécu en coopération, en 1970, en Côte d'Ivoire, elle a continué à partir de 1972 à intégrer la coopération et le développement dans un enseignement à Paris I. Appelée comme chargée de mission, en 1986, auprès de Michel Aurillac, Ministre de la Coopération, Madame Desouches n'a pas voulu abandonner l'enseignement à la Sorbonne où elle est Maître de Conférences en Sciences Politiques.*

*Deux fers au feu pour cette mère de deux garçons, c'est bien dans la logique qui est la sienne, car elle veut continuer " d'avoir des contacts avec les jeunes ". Son contact avec le continent africain, comme universitaire, ou comme chargée de mission, a amené Christine Desouches à rencontrer de nombreuses femmes. Pour elles, et avec elles, elle a voulu créer et soutenir des initiatives allant dans le sens des efforts qu'elle déploie dans différents secteurs d'activités.*

*Des projets spécifiques destinés aux femmes sont donc inscrits dans le budget de la coopération, même si d'autres interviennent plus globalement tout en amenant des améliorations à la vie des femmes. Pour ce faire, un FAC (Fonds d'action de coopération) — femmes, de 2 millions de francs a été dégagé pour 1988. Même si elle trouve que cela ne suffit pas, Madame Desouches juge que c'est déjà un premier pas vers une politique qui devrait être suivie d'autres pas.*

*Parmi ceux-ci elle avance des propositions de bourses pour les femmes africaines leur permettant d'accèder à l'Université. Il y a aussi des appuis à des juristes qui travaillent sur des législations oubliant les femmes, ou dont certains aspects positifs en faveur des femmes sont ignorés. Autre idée : réunir les responsables femmes qui sont chargées dans les différents gouvernements à ce titre, ou au sein d'un ministère plus large (généralement les affaires sociales), de ce que l'on appelle la condition féminine. La coopération décentralisée peut également jouer un rôle en intéressant les élus et en rassemblant les femmes qui ont des mandats politiques.*

*Il y a également la coordination que le Ministère réalise autour d'associations qui se préoccupent de la place des femmes dans le développement, que ce soit en matière d'information, de formation, ou de projets d'appui.*

*Enfin, Christine Desouches souligne l'importance du travail de sensibilisation auprès des entités gouvernementales à cette question pour que chacune, dans sa sphère, puisse participer à une stratégie pouvant, au-delà d'un simple constat, entreprendre des actions en faveur des femmes et du développement. Bien entendu, ne sont pas oubliées les ONG dont on sait qu'elles sont très impliquées sur le terrain, avec les femmes de tous les continents.*

*Dans un monde éminemment géostratégique, cette parole de femme d'Amérique latine m'est revenue avec force : " Etre francophone, ce n'est pas pour moi uniquement parler français. C'est avoir une conception des relations humaines et des liens entre les peuples différentes de celles pratiquées par les deux blocs ". Venant de terminer la rédaction du livre " Les îles du Cap Vert ", pour offrir aux femmes de ce pays un projet de développement, tout en faisant connaître cet archipel en France, j'ai pensé qu'il y avait à l'étranger une immense attente vis-à-vis de ce pays appelé France. Il m'est apparu que nous ne pouvions pas comme Françaises, être absentes de cette lutte opiniâtre des femmes pour le développement. C'est pour cette raison qu'un rendez-vous a été pris avec Christine Desouches, connaissant ses compétences et son engagement vis-à-vis de cette vision sur laquelle elle agit depuis des années. Ce livre, qui va naître lui doit donc un appui moral et financier. Ce n'est pas une étude cadrée et rigoureuse, provenant d'un centre d'experts, C'est bien, et nous l'avons voulu ainsi, un tableau des grandes questions concernant les femmes qui expriment en même temps ce qu'elles vivent au jour le jour, face à ce questionnement permanent qu'elles ont pour imaginer à chaque seconde la survie de tous.*

*Le principe d'universalité sans cesse réitéré au-travers du concept de la francophonie, même si ne pouvant être présente partout, la France, met la priorité davantage sur l'Afrique subsaharienne, en y ajoutant le Cap Vert, la Guinée Bissau, São Tomé et Principe, nous laisse espérer quelles que soient les idées défendues, par les gouvernements français, que notre pays ne sera pas absent de la solidarité avec les femmes des cinq continents.*

*Merci à Christine Desouches d'avoir cru au pari que nous lançons et dont nous suivrons la réalisation jusqu'au bout. Car Abeilles et Fourmis que nous sommes, même si nous avons butiné dans tous les continents, ce pollen qui concerne l'activité féminine, nous avons, à l'instar des fourmis que nous sommes aussi, jamais épargné nos efforts pour traduire et participer à cet élan des femmes dans un monde où la solidarité est une condition de la réussite.*

*Merci à Françoise Ramond et à Brigitte de Panthou d'être montées sur cette barque que nous avons conduite ensemble pour faire naître un projet de plus en faveur des femmes du Tiers monde.*

***Marie Paule de Pina***
3 novembre 1987

CHAPITRE — I

# ABEILLES OU FOURMIS : LES DEUX A LA FOIS

SOMALIE : *Réfugiés éthiopiens*
*Cours de couture pour les femmes du camp de Jalalaqsi.*

Le rôle des femmes dans le développement est actuellement très valorisé. Dans les instances internationales. Pourquoi ? En fait la décennie de la femme lancée de 1975 à 1985 n'a pas été un coup d'épée dans l'eau. Entre Mexico et Nairobi, en passant par Copenhague les idées ont fait leur chemin. Mais l'évaluation réalisée, après dix ans de sensibilisation, dans toutes les familles des Nations-Unies et appuyée par les associations sur le terrain a été décisive. Il n'est donc pas étranger de se retrouver quelques années avant pour clore ces 10 ans qui nous amènent progressivement vers la 3° millénaire que va connaître l'humanité.

Nairobi, capitale du Kenya, est ainsi devenue pendant quinze jours, du 10 au 28 juillet 1985, la capitale des femmes du monde entier. C'est, en effet dans le continent noir que les Nations-Unies ont décidé de tenir leur assemblée générale destinée à établir le bilan d'une décennie pour la femme.

Cette décennie a été lancée à Mexico en 1975. Une conférence intermédiaire a fait le point à Copenhague en 1980. Il s'agissait en fait d'évaluer si la situation d'environ la moitié de la planète avait évolué durant les 10 années qui viennent de s'écouler.

Parallèlement à la conférence officielle où siègeaient les représentants des gouvernements de plus de 150 pays, un forum des ONG (Organisations non gouvernementales) s'est tenu à Nairobi. Il a vu la participation de femmes venues de 5 continents. Elles étaient environ 13 000 à avoir quitté leur quartier, leur village, leur métier, leur famille, pour se retrouver, échanger, se comprendre, afin de savoir ce que vivent leurs compagnes dans des contrées du monde très différentes.

## UN AIR DE LIBERTE

Conférence et forum ne seront sans doute pas évalués de la même manière, même si ces deux formes d'initiative sont complémentaires. Certains Etats à régime autoritaire n'ont pas pu empêcher des associations féminines de participer au forum. Cet air de liberté a permis à ces femmes de trouver un appui mais aussi de dire ce qui se passe dans leur vie quotidienne, là où des régimes les oppressent, elles et le reste de la société. Pour des pays plus démocratiques, les femmes venues de ces régions ont pu faire valoir les avancées qui se sont jouées ces différentes années. Les idées des unes peuvent avoir valeur d'exemples pour les autres. Et c'est en cela que les contacts noués soit dans les ateliers organisés sur de multiples thèmes, soit dans des rencontres bilatérales seront amplement fructueux. Car, quelle que soit la bonne volonté des gouvernements, rien ne remplace la pression que peut exercer une association dans un domaine. Que ce soit sur l'emploi, la santé, l'éducation, le logement, le droit de manger, de se déplacer à sa guise, bref d'être libre et de bénéficier des droits humains fondamentaux, tout cela est la source d'initiatives qui font avancer les lois, et donc le progrès dans un pays.

## POURQUOI UNE DECENNIE DE LA FEMME ?

En 1945, les Nations-Unies ont décrété l'égalité entre l'homme et la femme dans une charte. Malheureusement, 30 ans après, le constat des discriminations vécues dans de multiples domaines par les femmes dans nombre de pays, amène les Nations-Unies à faire de 1975 l'année internationale de la femme. Cet effort international visait à redresser une situation héritée de l'histoire, de traditions, de cultures.

Mais une année c'est trop peu pour corriger autant d'oublis, autant d'erreurs, et l'assemblée générale des Nations Unies a proclamé la décennie de la femme pour la période de 1976 à 1985.

Si certains gouvernements se sont endormis, d'autres, secoués par les partis, les syndicats, les associations, ont mis cette décennie à contribution. Ainsi, en France, le Code civil marqué par l'esprit napoléonien fort sexiste a-t-il été " décapé " de tout ce qui pouvait handicaper les femmes sur le plan de l'égalité. C'est aussi pendant cette période que le Ministère des Droits de la femme (qui a évolué vers une délégation à la condition féminine) a publié une série de mesures visant à abolir dans le domaine de l'emploi les discriminations qui font que les femmes étant les moins formées sont également les moins payées. Ont été revus également des statuts particuliers de femmes d'artisans, de commerçants, d'agriculteurs, pour lesquelles l'immense travail effectué n'était pas pris en compte dans le système social. Cet exemple français a été suivi dans de nombreux pays.

Le questionnaire lancé en 1984 par l'ONU a été rempli par 121 gouvernements qui ont réfléchi à la situation de la femme dans leur pays. De plus, l'énorme travail de recherche qu'il convient de saluer, réalisé par les organismes liés aux Nations-Unies, a donné lieu à des rapports remarquablement concis. Ce travail est une base de documentation inestimable au service de la communauté internationale sur laquelle pourront s'appuyer toutes celles et tous ceux qui souhaitent argumenter sur un dossier qui intéresse la moitié de l'humanité.

## LA MOITIE DU CIEL OU UN PEU PLUS

En 1987 nous sommes plus de 5 milliards et le nombre de femmes est un peu supérieur à la moitié.

En 1950, il y avait sur notre planète 1,25 milliards de femmes. En 1985, elles étaient 2,41 milliards. En l'an 2 OOO on prévoit qu'il y aura 3 milliards de femmes dans le monde. A cette date le nombre de femmes sera supérieur d'environ 175 millions à celui des hommes. La raison de cette différence tient au fait que l'espérance de vie est plus forte pour les femmes que pour les hommes. De 60,3 années pour les femmes, cette espérance tombe à 57,5 années pour les hommes dans l'ensemble du monde. Mais si l'on regarde les pays en voie de développement, l'espérance de vie des femmes chute à 58 ans alors qu'elle grimpe à 77 ans pour les femmes des pays développés.

La conférence internationale sur la population avait souligné que l'égalité pour les femmes c'est aussi de pouvoir décider de leurs droits en matière de procréation. Dans les pays développés, l'information sur les moyens de contraception a été obtenue après bien des années de lutte. Par contre, ce droit est dénié aux femmes des pays en voie de développement, mis à part quelques pays qui ont voulu restreindre leur taux de natalité trop élevé. Si l'on ajoute un taux de mortalité infantile élevé, la taille des familles, le nombre des naissances pour les femmes font qu'elles sont limitées à des secteurs d'activités traditionnelles. Sans compter que les grossesses menées dans de mauvaises conditions et trop rapprochées pèsent lourdement sur leur santé et celle des enfants.

Le mariage précoce suivi de grossesses réitérées est souvent un empêchement pour poursuivre l'éducation des femmes. Ainsi la conférence internationale sur la population a recommandé que les gouvernements s'efforcent d'élever l'âge au mariage dans des pays où il est encore bas. Les recensements ou des enquêtes menées dans 11 pays africains révèlent que pour 9 d'entre eux l'âge est inférieur à 20 ans, alors que pour ces mêmes pays le taux brut de natalité est supérieur à 45 p. mille.

En Amérique latine, l'âge moyen au mariage varie d'un pays à l'autre. Il est inférieur pour les pays des Caraïbes et d'Amérique centrale où les taux de natalité dépassent 35 p. mille. Mis à part le Brésil, en Amérique du Sud, tempérée et tropicale, les taux de natalité sont inférieurs à 25 p. mille. En Asie de l'est et dans quelques pays de l'Asie du sud-est, l'âge au mariage s'est élevé, ce qui a contribué au déclin de la natalité. En Indonésie et dans les pays du sous-continent indien, l'âge au mariage reste encore très bas, d'où le taux de natalité élevé dans ces régions.

Dans les pays développés, l'âge moyen au mariage se situe aux environs de 21 ans. Cependant, la proportion d'enfants nés de femmes de moins de 20 ans est en train d'augmenter.

Cette question de la fécondité des adolescents étant également un problème dans les pays en voie de développement. Parler de la natalité amène à traiter de l'organisation de la famille dans le monde. Or, dans de nombreux pays c'est aux femmes que les tâches familiales reviennent de droit et de fait !

## DES SEMAINES DE TRAVAIL NON DECLAREES

Dans le monde entier, les soins du ménage non rétribués sont considérés comme travail de femmes. Ce travail est vital. Cuire les aliments, nourrir les enfants en bas âge, s'occuper des personnes âgées, laver et racommoder les vêtements, aller quérir de l'eau, ramasser le bois, tout cela prend du temps.

Dans un village pakistanais, une femme consacre 63 h par semaine aux seuls travaux domestiques. En Occident, même quand il s'agit d'ouvrir un robinet pour avoir de l'eau, de pousser un bouton pour mettre le gaz en route, une femme travaille en moyenne 56 h par semaine. Seulement pour le ménage. Ce travail invisible occupant de longues heures de labeurs (40 milliards en une seule année pour la France) est méconnu et encore moins rémunéré. Et pourtant ce travail fantôme fait vivre toute la société. En Europe, 35 p. cent des femmes mariées ont un emploi à l'extérieur de leur maison. Ce qui signifie qu'en moyenne une Européenne a moitié moins de temps libre que son conjoint. Quand celui-ci ne partage pas les tâches ménagères.

Dans le Tiers-monde, la situation est comparable. On peut dire qu'il y a " le travail de l'homme " et le " travail de la femme ". Si les hommes ne songent pas à travailler à la maison, les femmes, elles, sont sans cesse contraintes d'allonger la liste des travaux à effectuer hors de la maison. Au Rwanda par exemple, les hommes soignent les bananiers. Mais les femmes effectuent les 3/4 du reste des travaux agricoles. Bien entendu, elles assument les travaux domestiques et s'occupent des animaux. Un très sérieux rapport de l'ONU affirme que les femmes des villages travaillent trois fois plus que les hommes.

En fait, ces femmes n'ont pas choisi de se charger de ce supplément de travail. Partout dans le monde les cultures vivrières, les travaux à l'usine, les besognes administratives, tout cela s'ajoute et fait du travail de la femme un élément essentiel pour la survie de la famille.

## AGRICULTRICES : DES FEMMES NOURRICIERES

Il aura fallu cette fameuse décennie de la femme pour que l'on sache que la moitié de la production alimentaire mondiale est assurée par des femmes. En Afrique, elles assument les 3/4 des travaux agricoles. En Asie, les femmes constituent la moitié de la population active du secteur agricole. En Amérique latine et au Moyen-orient, où les statistiques sont difficiles à évaluer, une enquête a permis de révéler que les femmes ont une part importante dans le domaine agricole. Ainsi, au Pérou, un recensement de 1972 indique que 2,6 p. cent des femmes travaillent dans l'agriculture. Cela semblait bien peu. Une enquête locale avec un questionnaire plus adapté, faisait ressortir 16 p. cent, tout en continuant à minimiser le travail des femmes dans les petites exploitations agricoles, alors qu'elles s'en occupaient à 86 p. cent.

Non rémunérées pour les travaux ménagers, beaucoup de femmes ne le sont pas non plus pour les travaux des champs. Au Malawi ou au Botswana, plus des 3/4 des femmes qui travaillent la terre ne sont pas payées. Au Mali, au Ghana, de nombreuses femmes travaillent sans salaire dans l'agriculture. Au Pakistan, on s'est aperçu que beaucoup de femmes allaient au champ pour porter les repas ou pour donner un coup de main au ramassage de la moisson. Mais là encore ces activités agricoles demeurent " invisibles " et ne sont pas comptabilisées.

Si les agricultrices du Tiers-monde ne sont pas bien loties, les agricultrices des pays occidentaux ne sont guère mieux considérées. Ce n'est que ces dernières années que les Européennes ont réussi à faire reconnaître leur travail qu'elles réalisent avec leur conjoint. Et encore, elles n'ont pas l'égalité des droits.

Un des grands drames des femmes agricultrices réside aussi dans l'absence de formation aux activités agricoles. Cela est dû en grande partie au fait qu'il n'y ait pas de femmes, ou très peu, parmi les conseillers agricoles formés pour aider les villageois. De plus, les techniques modernes, les nouveaux outils sont souvent l'apanage des hommes alors que les femmes sont contraintes d'en rester à des techniques plus traditionnelles, mais aussi parfois plus éreintantes.

En Gambie, les rizières sèches cultivées par des femmes, et qui assurent 84 p. cent de la récolte globale de riz du pays, couvrent 26 fois plus de terrain que les rizières inondées cultivées par les hommes. Cependant, elles ne reçoivent que 1/26 des crédits octroyés par le gouvernement pour la riziculture. Non formées aux nouvelles techniques, les femmes se voient privées de tâches qui pouvaient améliorer le sort de leur famille.

Ainsi, au Bangladesh, les paysannes qui décortiquaient le riz ont été remplacées par des hommes qui font la même opération dans des rizeries. Mais avec des moyens plus modernes et rémunérés

Si elles travaillent la terre, les femmes en ont rarement la propriété. Dans le monde en développement on estime à 600 millions le nombre de ruraux sans terre. Mais les femmes pénalisées par des lois sur le mariage ou sur les successions dans bien des régions n'ont même pas le droit de posséder un lopin de terre. On estime qu'elles possèdent moins d'un centième des biens terriens du monde...

Ainsi, en Afrique du Nord, au Moyen-orient et dans certaines régions d'Asie, les filles n'héritent que de la moitié de ce que reçoit un fils. La veuve perçoit 1/8 des biens de son mari si elle a des enfants et 1/4 si elle n'en a pas. En Amérique latine, l'administration des biens doit se faire avec le consentement de l'époux. Il faut signaler des endroits où la réforme agraire exclut tout simplement les femmes. Au Honduras, des femmes qui se sont regroupées en coopératives agricoles n'ont pas reçu l'autorisation des autorités. Motif : elles étaient des femmes... En Asie, les mêmes maux sévissent à cause des lois sur les successions. Y compris en Inde ou au Sri Lanka où elles peuvent dans certaines sectes hériter de la part qui est toujours plus petite que pour les hommes.

En Afrique, où les femmes ont plus largement bénéficié des droits traditionnels à la terre dans un certain nombre de pays, l'accession à la propriété est plus limitée pour la femme que pour l'homme. Faute de terre, elles ne peuvent pas avoir d'emprunts et les femmes se trouvent ainsi limitées dans leur capacité de développement agricole et cela pèse sur l'économie rurale des pays concernés.

## LES PARIAS DE L'INDUSTRIE

Un milliard d'êtres humains vivent en zone urbaine. Si le monde développé a su conquérir grâce aux syndicats une amélioration de ses conditions de travail, les industries dans le Tiers-monde laissent à désirer en matière de droits sociaux. Longtemps rural, le Tiers-monde se lance dans sa révolution industrielle. Certains pays talonnent les économies les plus avancées on les nomme les NPI (Nouveaux Pays Industrialisés). Les multinationales ont bien compris l'intérêt qu'elles avaient d'aller dans des pays perdus, mais où la main-d'œuvre est nombreuse et à bon marché. En fait si les femmes constituent la moitié de la population mondiale, elles ne représentent qu'un tiers de la population active officielle.

Au cours des 35 dernières années, la proportion de femmes ayant un emploi est demeurée constante. La dernière décennie a vu 100 millions de femmes rejoindre les rangs de la populaiton active. Actuellement, 676 millions de femmes ont un emploi salarié. C'est dans le secteur des services que les femmes occupent le plus de postes. Pour les autres elles travaillent sans salaire, ni fiche de paie, sans droit, sans statut.

" A travail égal, salaire égal " : malgré quelques pays exceptionnels, on est loin du compte. En moyenne, en 1975, une ouvrière de l'industrie ne gagnait que 70 cents pour un dollar touché par un homme faisant le même travail. 7 ans plus tard elle gagnait 73 cents, une légère progression ! En fait, les femmes sont moins payées parce que, faute de formation, elles occupent les emplois les plus parcellisés et les moins bien payés. Elles sont souvent payées à la pièce ou à la tâche. Ce qui suppose des conditions de travail déficientes.

Par ailleurs, les périodes de maternité non reconnues dans certains Etats entament sérieusement les droits à la retraite. La décennie de la femme s'est située en pleine crise économique. La déperdition des emplois enregistrée de par le monde a touché davantage les femmes que les hommes. D'abord parce que les postes les moins qualifiés sont souvent remplacés par des machines, c'est là qu'on trouve les femmes. Ensuite parce qu'elles occupent souvent des emplois précaires et de ce fait ont plus de mal à s'organiser et donc à se défendre.

Dans les zones franches, paradis des multinationales, les ouvrières sont très recherchées. En Malaisie, à Singapour, à Hong-Kong, à l'île Maurice, de plus en plus les emplois se féminisent. Et pour cause. Elles acceptent de faibles salaires pour les travaux les plus rebutants.

Mais on ne peut parler du travail dans le Tiers-monde sans prendre en compte tous ces métiers créés dans la rue. Là où on vend des sandales, des gâteaux, des jupes, des lacets, des petits pâtés, des bonbons, ce type d'occupation qui nourrit le travail au noir.

Dans les villes du Tiers-monde, entre 20 et 70 p. cent de la population active gagne sa vie dans ce secteur informel qui fait partie de " l'économie des pauvres ''. Les femmes y sont majoritaires comme au Ghana, en Thaïlande, à Haïti et dans de nombreux pays de différents continents. Sans formation, souvent analphabètes, c'est leur seule manière d'avoir des activités commerciales.

## CELLE QUI NE SAIT PAS EST COMME CELLE QUI NE VOIT PAS

La décennie de la femme a été marquée par une déclaration de l'OMS (Organisation mondiale de la santé) visant à engager 134 pays réunis en septembre 1978 en URSS, à Alma Ata, sur l'objectif '' La santé pour tous en l'an 2 000 ''. Les soins de santé primaires étant une priorité.

Pour atteindre cet objectif, plusieurs principes. D'abord, avoir de l'eau, ce qui a été à la base du lancement de la décennie de l'eau potable. Ensuite, lutter contre la malnutrition. Enfin, prévoir des vaccinations contre les maladies les plus courantes. D'un seul coup, les femmes sont apparues comme étant les plus à même d'assumer la bonne santé de la famille : '' Les femmes sont pour le développement une immense ressource inexploitée '', déclarait l'OMS en 1980. Gagner les femmes à la cause de la santé c'est assurer l'amélioration de la vie de toute la population. C'est pourquoi les institutions internationales ont lancé dans différents pays des projets de santé où les femmes sont le principal vecteur de formation. Là encore on a dû valoriser ces femmes qui accouchent, celles qui guérissent, tout en essayant de conjuguer la formation et le pragmatisme.

Ainsi l'Inde a formé 250 000 sages-femmes. Le Nicaragua a préparé 900 par an, etc. Mais là encore il faut rompre des barrières, car beaucoup de médecins ne voient pas d'un bon œil la participation reconnue des femmes dans un secteur où le savoir est parfois synonyme de pouvoir.

## LES PREMIERES PACIFISTES

L'effort mondial de scolarisation a permis de réduire à 29 p. cent en 1980 la proportion d'êtres humains ne sachant ni lire, ni écrire. Les dépenses d'éducation ont été multipliés par 7 entre 1965 et 1978 dans les pays du Tiers-monde.

Elles sont passées de 8 à 75 milliards de dollars dans les pays en voie de développement, de 88 à 419 milliards de dollars dans le monde industrialisé. Aujourd'hui, 82 p. cent des garçons et 71 p. cent des filles en âge d'aller à l'école primaire sont en classe. Cependant, les femmes sont toujours laissées à l'écart. En Afrique en 1970, 82 p. cent des femmes étaient illetrées contre 58 p. cent d'hommes. Dix ans après, ces chiffres sont respectivement de 73 et 48 p.cent. En fait les filles sont moins scolarisées que les garçons, mais pendant la décennie des efforts considérables ont été faits. Même si les parents eux-mêmes favorisent les garçons.

**Répartition de la main-d'œuvre féminine par secteur (1970 & 1980)**

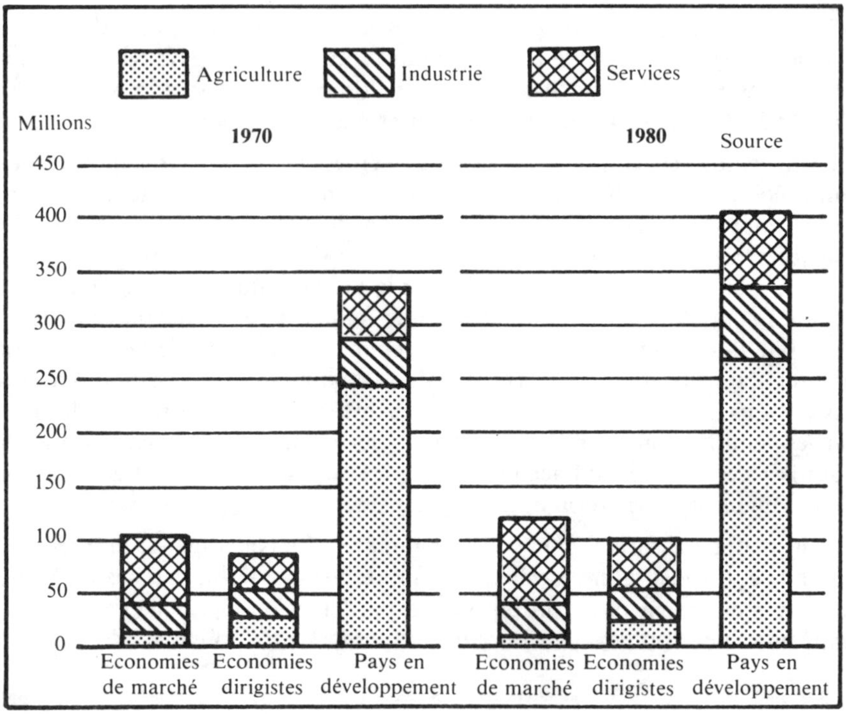

Dans les familles pauvres, quand l'argent manque, on préfère envoyer le fils à l'école. Quant à la fille, à la maison elle rendra bien des services. Malgré les efforts, beaucoup trop d'enfants sortent du système scolaire pour travailler très tôt. Notamment les petites filles que l'on éduque à participer aux tâches ménagères et même à la production rurale. Il arrive que les enfants sont envoyés dans des usines comme c'est le cas en Thaïlande, ou bien dans les quartiers de prostituées... les filles, elles, nourrissent la famille restée au village.

En fait, cette question de l'éducation et de la formation est capitale. Elle nécessite une information des femmes et donc une organisation entre elles pour mieux défendre leurs revendications. Au-delà du constat, des centaines de rapports des milliers de contacts pris entre les unes et les autres, les femmes sont reparties de Nairobi en sachant que l'information et la formation sont les conditions de la conquête de l'égalité. Sans égalité, il ne peut y avoir de développement.

Les femmes plus que d'autres sont sensibles à la paix. Elles ont fondé la Ligue internationale pour la paix et la liberté, premier mouvement pacifiste international en 1915 à la Haye aux Pays-Bas. Partout elles organisent des marches réclament que les super-puissances arrêtent la course aux armements. A Nairobi, ce thème de la paix a été paradoxalement conflictuel. La colombe symbolique est utilisée par bien des camps, mais qui finalement a envie qu'elle se pose enfin sur notre planète ?

A force de travailler pour deux, les femmes réussiront peut-être à pactiser pour deux... " Nous ne mettons pas au monde des enfants pour qu'ils soient tués dans des guerres stupides, mais bien pour qu'ils contribuent à développer, dans le respect des droits humains, une " société plus juste, plus fraternelle " disait, sur le campus de Nairobi, une femme japonaise d'Hiroshima. Applaudie par ses sœurs américaines, africaines, d'Amérique latine, d'Asie, elle avait réussi le consensus autour de cet oiseau blanc qui, de rêve pourrait devenir réalité ! Et la colombe, contrairement aux typhons est un nom féminin. Tout un symbole !

# CHAPITRE — II

# FAMILLE : MEME MAL VECUE, ELLE EXISTE !

MEXIQUE : *Réfugiés guatémaltèques*
*Au petit dispensaire du Camp de Los Lirios (Quintana Roo), les réfugiés reçoivent des soins et des conseils d'hygiène.*

*Suivant les pays, les époques, les sociétés, la famille est une réalité qui a été et, est vécue de manière fort différente : maisonnée, communauté familiale, famille élargie, famille conjugale, sont autant de façons diverses d'exister pour elle.*

*La composition de la famille, les rapports entre ses membres, l'influence réciproque avec la société, ont considérablement varié au fil des siècles et suivant les lieux géographiques.*

*En ce qui concerne les époux leur union peut se régir sur le mode de la monogamie ou de la polygamie, voire de la polyandrie.*

*La monogamie, c'est-à-dire l'union d'un seul homme avec une seule femme s'est pratiquée depuis des millénaires en Chine, en Mongolie, en Inde et dans l'antique Egypte. Les Grecs, les Romains, les Gaulois, les Germains, l'ont en grande majorité respectée.*

*La polygamie qui donne à l'homme plusieurs épouses a existé et existe chez beaucoup de peuples d'Orient, d'Afrique. Les patriarches de l'Ancien Testament l'ont pratiquée.*

*La polyandrie, où une seule femme a plusieurs maris, a existé en Asie, en particulier au Tibet.*

*En ce qui concerne les enfants leur statut à l'intérieur de la famille a également évolué. Dans l'antiquité le père avait sur ses enfants le droit de vie ou de mort. En France au 17^e^ et 18^e^ siècle, la pratique de l'allaitement mercenaire a éloigné de leur famille et de leur mère des milliers de nourrissons, et cela dans tous les milieux sociaux. Après la mise en nourrice, la mise en pension des enfants de milieux aisés était une autre façon de les éloigner de leur famille. Petit à petit, sous l'influence de Rousseau, puis de Freud, l'importance du rôle de la mère a été mis en valeur et l'enfant est devenu dans la société occidentale le centre de la famille.*

*La vocation de la famille s'est également déplacée, en particulier dans les sociétés occidentales. En Europe, jadis, la maisonnée ou la grande famille sous l'autorité du père avait pour vocation première la transmission des biens et des traditions. Et les rapports entre ses membres s'organisaient autour de cette vocation. Actuellement, la famille conjugale se conçoit différemment : un homme et une femme décident qu'ils vont bâtir à deux un avenir et une histoire au cours de laquelle peuvent naître des enfants. La famille devient le lieu privilégié où se construisent les personnes dans une histoire commune.*

*Une constante dans le monde actuellement : la famille monoparentale. Actuellement dans le monde, 1/3 des familles a une femme à sa tête et cela ne cesse d'augmenter.*

*Trois raisons : migrations, divorces, femmes vivant plus longtemps que les hommes; les divorces augmentent partout dans le monde. 1/3 des foyers ont des femmes chef de famille. Pourtant les projets agricoles et réformes agraires les ignorent et n'attribuent les ressources qu'aux hommes.*

*Une question pour l'avenir : si cette catégorie de femmes chefs de famille augmente, il ne sera plus possible de compter sur la cellule famille pour s'occuper des personnes à charge de la collectivité : enfants, personnes âgées, handicapés. C'est dans cette histoire, dans les contextes de sociétés que des femmes vont nous dire ce que sont pour elles la famille, leur place de femme dans la famille, leur place dans la société. Une place qui semble acquise plus au moins pour les femmes occidentales, une place à acquérir, à défendre pour beaucoup de leurs campagnes, dans des continents entiers.*

# AFRIQUE

## ANTONIA : UNE CAP VERDIENNE CHEF DE FAMILLE

Antonia a 42 ans. Elle habite l'archipel du Cap Vert, situé en plein océan à 500 kms au large de Dakar. Son mari a émigré au Portugal en la laissant avec 7 enfants. Au début il envoyait un peu d'argent, mais depuis 6 ans plus de nouvelle. Sans doute explique-t-elle a-t-il perdu son emploi et qu'il ne peut même pas avoir d'argent pour payer son billet de retour.

Antonia a décidé d'accepter d'aller sur les fronts du travail créés par le gouvernement et financés par l'aide internationale. Elle reçoit 120 escudos (12 F) par jour. Et elle se sent fière de gagner de l'argent. Même s'il est parfois dur de rester des heures durant dans les chantiers de reforestation. Il y a la fatigue, mais aussi quand Antonia rentre à la maison, tout le travail avec les enfants. Leur faire à manger, raccommoder le linge, et il y en a beaucoup car les enfants vont dans les terrains vagues où ils se trainent, où ils se battent.

" Je ne peux pas les aider car je ne sais pas lire " explique Antonia qui complète timidement... " je ne sais pas encore lire " Antonia en effet, apprend à lire le soir, dans les cycles de culture organisés par l'OMCV (Organisation de femmes du Cap Vert). Dans le cadre de la campagne contre l'analphabétisme lancée dans tout le pays, cette femme chef de famille, elle aussi a voulu avoir la chance de comprendre ce qui est publié dans le journal

“ Voz Di povo ” le seul journal national que l’on s’arrache quand il sort deux fois par semaine. Antonia veut que ses enfants sachent lire et écrire et fassent des études pour mieux vivre.

## MARIE JOSE : QUELQUES MOTS A MON RETOUR DU NIGER

Je reviens du Niger où j’ai vécu 15 jours, avec mon mari et ma fille, près d’une de mes sœurs religieuse. Celle-ci est en Afrique depuis 15 ans, et avec 4 autres religieuses de l’Assomption vit très proche de la population (accueil, visites, centre de formation féminine : tricot, couture, lieu de réflexion, dispensaire, PMI). Que communiquer ? Je ne sais.

Tant d’images se succèdent et s’entrechoquent dans la tête, que de scènes vues, que de rencontres faites ! ! !

J’ai été bousculée, bouleversée, émue, émerveillée. Que de questions se posent à moi aujourd’hui : J’ai vécu une expérience qui ne peut me laisser indemne et que je ne saurais décrire. Mais essayons de mettre un peu d’ordre dans tout cela. Quelques données sur le pays :

Le Niger a une superficie d’environ 2 fois la France et une population de 6 millions d’habitants (haoussas, peuhls, sonraïs, touaregs, zermas...). Le Niger, un pays éloigné de la mer, entouré par 7 pays : l’Algérie, la Lybie au nord, le Burkina Faso, le Mali, le Bénin à l’ouest, le Tchad à l’est, le Nigéria au sud. Une zone saharienne au nord, une zone sahélienne au sud, à l’extrême sud le fleuve Niger et la capitale Niamey (300 000 habitants). Une république laïque indépendante depuis 1960, avec à sa tête le Général Président Kountché. Une population musulmane à 95 %.

Après être arrivée par avion à Niamey, j’ai traversé en voiture la zone sahélienne et ai séjourné davantage à Tchirozérine, à la limite du Sahel et proche du Sahara. Les paysages : le long de la route un ciel souvent bleu, c’est l’hiver (30, 32° vers midi, 8 -10 la nuit), de la savane, beaucoup de sable ocre, quelques épineux, parfois le vent de sable, des villages de banco, des tentes.

La population : femmes, hommes, enfants, souvent une charge sur la tête, des troupeaux de chèvres, de chameaux, de brebis. Il ne faut pas aller trop vite sur la route, ici les troupeaux traversent sans prévenir. Je découvre les contrôles de police à l’entrée et à la sortie de chaque ville ou village parfois : papiers, d’où venons-nous ? où allons-nous ? Nous avons dû laisser une journée nos passeports dans un commissariat de police avec une certaine crainte quant à leur récupération. Pour moi, éprise de liberté, ce n’était pas agréable à vivre.

La circulation automobile est très rare, le plus proche garage est parfois à 2 ou 300 kilomètres. Nous nous arrêtons pour aider à réparer un pneu, transporter quelqu’un, donner l’eau à boire... La solidarité est vitale.

Mes découvertes : Qu’est-ce qui m’a frappée, parfois bouleversée ? La maladie, des lépreux aux membres rongés, des handicapés, en brousse des enfants aux membres squelettiques. Les ambulances ici en brousse se font à dos d'ânes, de chameaux sur lesquels on installe les malades, les femmes qui vont accoucher !

Ici, l'espérance de vie est courte, 60 ans maximum. Et cependant, merveille, je découvre dans des dispensaires des infirmiers heureux; ainsi dans un dispensaire cette année 922 enfants de brousse seront suivis en plus, ainsi que 1 000 femmes enceintes qui sont surveillées, donc beaucoup moins de mortalité à l'accouchement. Des enfants sont en récupération nutritionnelle.

Je vois des sages-femmes, infirmières, Nigériennes responsables à côté de la religieuse infirmière rouandaise chargée d'un dispensaire. La pauvreté : sur les étals des commerçants, en dehors de quelques grands centres : un peu de sucre, quelques savons, des boîtes de concentré de tomate, de la pâte de mil, quelques bananes, goyaves, du pain parfois charançonné, un peu de viande couverte de mouches...

Je vois un couple d'une quarantaine d'années avec 4 ânes dont 2 chargés de fibres de palmiers pour aller les vendre à Agadez à 60 kms de là. Autrefois, ils avaient un jardin mais la vache qui tirait l'eau du puits est morte. Aller-retour sur Agadez en 2, 3, 4 jours, ils gagneront 30 ou 40 F français. La femme n'a pas de vêtement sous son pauvre pagne, on croirait qu'elle a 60 ans.

D'après ce que j'ai pu savoir, le salaire minimum ici est de l'ordre de 400 F (français) par mois. Un petit fonctionnaire gagne environ 1 400 F. Par contre, un agent de maîtrise supérieur dans une industrie (très rare) reçoit 12 000 F. Les écarts de revenus sont très grands.

Mes limites sont physiques et psychologiques. J'ai été très fatiguée. J'ai eu du mal parfois à m'adapter à des conditions de vie précaires : manque d'électricité, d'eau rare, pas de poisson, viande rare, parfois un peu de chèvre ou de chameau... Et toute cette misère me faisait mal.

L'accueil, la disponibilité, la joie de recevoir une visite tout cela existe à côté. Quel accueil avons-nous reçu ? Nous avons partagé ensemble avec des familles nigériennes de la pâte de mil, du riz avec des sauces très pimentées. Nous avons pris le temps d'échanger lors de la préparation des 3 thés touaregs : un rite qui est tout un art de vivre. " Chez vous, tout est programmé ", nous a-t-on dit. Autre réflexion " Vous êtes **étrangers** ", mais quelle signification positive !

Nous étions " l'**étranger** " , l'hôte, celui qui est accueilli. La générosité : Quelle émotion ai-je ressentie quand sortant d'une tente ou d'une case en banco une femme à mon départ me tend une vannerie. Quelle générosité qui m'interpelle ! Je ne pourrai oublier toutes ces rencontres, tous ces visages, tout ce qui m'a été dit ! Je sais déjà que certaines auront des suites...

La condition féminine : J'avoue avoir souvent souffert dans mon être de femme quand je voyais les conditions de vie des femmes si difficiles, surtout en brousse ou quand je voyais plusieurs co-épouses ensemble. Je me suis sentie solidaire et agressée dans ma condition féminine. J'ai entendu deux réflexions : " Ici, il vaut mieux ne pas naître femme " " Une femme ici est moins considérée qu'une chèvre ou un mouton ".

Leurs conditions de vie sont très pénibles. En brousse, les femmes font parfois 10-15 kms pour la corvée d'eau et de bois, elles pilent le mil, travaillent au champ familial, parfois aussi à leur petit jardin personnel. Elles assument les naissances très nombreuses et l'éducation des enfants. Dans les villes, nous rencontrons des femmes fonctionnaires, ou les épouses des fonctionnaires, le plus souvent au foyer. Certaines essaient de tenir un petit commerce de beignets, de cacahuettes.

Leur scolarité : si seulement 22 % des enfants sont inscrits dans les écoles primaires, 1/4 seulement de ces élèves sont des filles. Exemple, à l'école de Tchirozérine, sur 250 élèves il y a 50 filles. La scolarité a été parfois mal ressentie par des parents ruraux, car les enfants qui allaient en classe jusqu'au CM2 par exemple ne voulaient plus s'occuper du champ. Maintenant, dans les programmes scolaires on parle du développement rural.

Leur condition de femme dans la vie familiale : le mariage est très précoce, parfois dès 10 ans. Objectif de l'éducation : que la fille soit mariée le plus tôt possible pour éviter les " accidents ". C'est d'abord la maternité qui valorise. La femme est plus mère des enfants que partenaire, épouse. Mais malgré cela les enfants sont ceux du mari. S'il y a divorce, il les garde en principe. Le mariage est décidé le plus souvent par les parents, et il y a parfois une grande différence d'âge entre les époux.

La polygamie entraîne la rivalité entre les femmes. Quand une fille se marie elle a la hantise qu'il y ait une deuxième, troisième femme. Chez les touareg (1) il y avait la monogamie, mais avec la sédentarisation il y a parfois maintenant chez eux aussi polygamie. L'homme est le chef de la maison, la femme doit lui être soumise. Mais de plus en plus nombreuses sont les femmes qui n'acceptent plus les conditions de domination qui leur sont faites. L'instabilité conjugale est grande. De plus en plus nombreuses sont les femmes qui prennent l'initiative du divorce. Pour un second mariage elles sont plus libres de leur choix, mais elles sont alors bien souvent deuxième co-épouse ! ! !

Le travail professionnel rémunéré : dans la fonction publique 16 % des femmes, dans le privé 3,4 %. Des secrétaires, enseignantes, infirmières ou auxiliaires de santé, parfois un peu de commerce du produit du champ, de l'artisanat.

Des paroles de femmes avec qui j'ai pu parler français (ayant été en classe dans le primaire ou ayant participé à des centres de formation féminine), souvent les conversations commençaient ainsi : " ça va, ça va... et la famille... " Une jeune femme me dit : " J'ai choisi mon mari, beaucoup de filles veulent choisir leur mari, en brousse les parents les marient, ici le mari a toujours raison, et vous, parlez-moi de votre mariage ? Est-ce qu'il y a des

(1) Touareg est le pluriel de targui.

disputes ? " " La situation de la femme nigérienne est cependant préférable à celle de la femme arabe, celle-ci est voilée, elle ne peut pas voir de garçon ".

Une jeune de 20 ans, après son brevet, fait des études pour être aide-comptable, elle désire travailler plus tard, " Il est important que les filles fassent des études et travaillent, ainsi elles peuvent vivre sans mari ". Une femme targui me dit : " Mon mari sait que je ne voudrais pas une co-épouse, si cela arrivait je le quitterai ". T., fonctionnaire, me dit l'importance de la décennie de la femme : " Par les médias (même en brousse il y a parfois la télévision solaire), les femmes des villages ont été frappées de savoir que d'autres femmes dans le monde luttaient pour améliorer leurs conditions de vie, et cela les a encouragées. Elles s'organisent et s'adressent aux responsables des villages pour dire leurs besoins : elles demandent un puits, un moulin à mil et projettent d'autres choses pour bientôt. Quelle sera la part du rêve et de la réalité. Nulle ne le sait, mais cela fait lever le ferment ".

La promotion des femmes se fait à partir de la scolarité et du travail professionnel, à partir des centres sociaux, des dispensaires, de la PMI, avec la puériculture, des réflexions sur leur vie, l'espacement des naissances... à partir de l'Association des femmes nigériennes. Des groupes de quartier existent. Certaines viennent au centre, puis ensuite s'apprennent entre elles (j'ai vu ainsi des burnous confectionnés pour ne pas laisser les enfants nus à la période de froid, et éviter ainsi la tuberculose). Des maris viennent inscrire leurs femmes aux centres sociaux. Même si cela nous paraît autoritaire, c'est paraît-il une avancée car ils s'intéressent ainsi à ce que font leurs femmes.

Dans le développement rural : des femmes expriment leurs besoins de puits, de moulins à mil, elles disent : " Aidez-nous à gagner un peu d'argent ", elles se mettent ensemble pour un poulailler collectif, participent à une coopérative où elles apportent le produit de leur artisanat, vannerie... Un responsable des questions de développement m'a dit : " Nous avons constaté que depuis la sécheresse une des couches qui bouge le plus c'est les femmes ". Il ajoute : " Ce qui a le plus changé la situation de la femme ce n'est pas la conscientisation, ce n'est pas la télévision, c'est le facteur économique, avec l'artisanat elle a eu un petit pécule, cela l'a valorisée ". Dans cette condition de vie de femme au Niger je retrouvais parfois une certaine similitude avec ce que vivaient les femmes en France il y a une cinquantaine d'années, et même parfois encore aujourd'hui.

Le témoignage extraordinaire de l'Eglise du Niger : (13 500 catholiques, dont 1 250 Nigériens). L'église du Niger vit très proche de la population, est très engagée dans le développement. Dans ses activités de développement elle donne un témoignage de foi vécue, en particulier depuis 1972 avec la sécheresse. Elle a peu de structures, elle soutient ce que fait l'Etat, la population, elle n'en fait pas de concurrence, elle crée 3 dispensaires, seulement dans des endroits où l'Etat n'est pas présent, quelques écoles.

Dans cette Eglise j'ai rencontré des laïcs européens, des jeunes filles infirmières, un spécialiste des questions rurales, une femme qui soutient les coopératives artisanales, un couple nigérien-béninois, le responsable du Bureau des questions de développement, un Père Rédemptoriste vivant avec les touareg ; il a été l'initiateur pour la culture de la technique des demi-lunes : terres défoncées en arcs de cercle qui récupérent les eaux de ruissellement et se remplissent à chaque tornade; ainsi on peut cultiver le mil, le sorgho, planter des arbres. J'ai rencontré des petites sœurs nomadisant avec leurs chèvres avec des familles nomades, des frères, des pères blancs soutenant le développement rural, les jardins, des coopératives, des sœurs responsables de dispensaires, centres sociaux, et vivant l'accueil, l'écoute, l'échange...

J'ai aussi rencontré l'évêque du Niger et son équipe pastorale. J'ai participé à leur temps de prière. J'ai pu constater près de la population lors des contrôles de police avec ma sœur dans la voiture combien le mot " mission catholique " dans un pays à 95 % musulman était un bon passeport. On nous a même souhaité un bon Noël. J'ai pu voir le 31 décembre à la télévision un reportage d'une demi-heure sur la messe de minuit.

J'ai vu toutes ces femmes, tous ces hommes, venant parler, dire leur vie dans la Mission où j'étais, en buvant un verre d'eau ou un thé autour d'une table de bois dans le jardin. J'ai entendu des Français dire : " La mission catholique au Niger est bien perçue car elle n'évangélise pas ". Mais je me dis : que met-on sous le mot évangélisation ? N'est-ce pas d'abord " vivre avec ", " témoigner de l'amour du Christ " ? Une femme me dit le besoin de parler des femmes Nigériennes, et combien était attendue la visite de certaines religieuses sous les tentes ou les maisons en banco. J'ai vécu une célébration eucharistique à Noël avec une trentaine de personnes, dont de nombreux catholiques non-pratiquants réunis autour de la communauté religieuse et quelques musulmans. Puis nous nous sommes retrouvés autour d'un chocolat. Quelle atmosphère d'amour fraternel dans cette communauté humaine qui se rassemblait !

Je cite encore le témoignage de Benou Dugueyer, directeur de l'école de Tchirozérine, paru dans Faim et Développement n° 34. " Ce qui est important surtout c'est la bonne cohabitation des Musulmans et Chrétiens dans cette région. L'école appartient à la mission, elle reçoit des jeunes Touareg musulmans. A l'intérieur de l'internat on peut voir un cercle en pierres qui représente la mosquée. Les enfants y prient régulièrement . A quelques mètres de l'école se dresse la chapelle, et tout autour les habitants, parents d'élèves, tous musulmans, et l'harmonie règne. Ce qui apparaît évident c'est que les pensées se rejoignent. Il n'y a qu'un seul Dieu unique. Tout bon croyant doit avoir pitié de son prochain et l'aimer aussi. Voilà l'essentiel. Ces relations de bon voisinage sont excellentes, le respect et l'amour existent des deux côtés ".

En conclusion [(2)]. Si je me suis sentie évangélisée par cette église du Niger, l'accueil, l'hospitalité, la générosité des Nigériens qui m'ont reçue m'ont aussi évangélisée. Que de questions je me pose après toutes ces rencontres ! ! !

(2) Ceci ne prétend pas être une étude du Niger, mais le compte-rendu d'une expérience personnelle et donc limitée.

## AMERIQUES

### RAIMUNDINHA : AU PAYS DE L'ARBRE QUI PLEURE

Santarem, au cœur de la forêt d'Amazonie, est une ville de 200 000 habitants située au confluent de l'Amazone, le plus grand fleuve du monde, et du Rio Tapajos, qui forme une véritable mer intérieure. Nous sommes dans la région du caoutchouc. Mais l'hévéa, appelé arbre qui pleure, a séché ses larmes et la cité jadis prospère connaît le sous-emploi. Pourtant, les populations qui sont venues s'entasser à Santarem sont restées essayant de trouver un travail au port, dans les petites entreprises liées à l'exploitation de la forêt, dans la pêche ou le secteur des services.

Le Syndicat des travailleurs ruraux, qui organise 17 000 adhérents dans cette région difficile d'accès est une force qui s'est construite avec courage. Ce courage c'est celui d'hommes et de femmes qui donnent de leur temps et de leur énergie pour faire fonctionner le syndicat. Parmi eux, Raimundinha vient souvent faire la permanence, de la même façon qu'elle anime le MOB (Mouvement d'Organisation de Base) qui mène des actions dans les quartiers populaires.

Grâce à ce mouvement, l'électricité et l'eau ont été installées. Des cours d'alphabétisation sont organisés pour les enfants et les adultes. Une caisse collective, alimentée par les membres qui paient des cotisations, mais aussi des initiatives comme des fêtes, permet d'acheter des livres et du matériel.

" Beaucoup d'enfants dans ces quartiers sont laissés à l'abandon " explique Raimundinha. Leur prise en charge permet l'occasion de leur apprendre à lire et à écrire, mais aussi de leur éviter d'être condamnés à vivre dans la rue. " Je suis bénévole pour ce travail, car qui pourrait me verser un salaire. Pedro, mon mari est très actif au niveau du syndicat. Ce qui fait parfois que notre petit garçon Vinissio est triste quand nous le laissons pour aller aux réunions ".

Effectivement, le départ un soir pour une réunion est accompagné des larmes de ce bambin qui ne comprend pas pourquoi sa maman s'occupe des autres enfants en laissant le sien à la grand-mère. " Dans notre pays, surtout à Santarem, loin de tout, rien n'est fait pour informer les femmes sur la planification des naissances. Comme j'ai décidé d'aider les autres enfants de mon pays, je ne peux moi-même avoir une nombreuse famille. Nous en avons discuté avec mon mari et j'ai fait une ligature des trompes à la naissance de notre fils pour ne plus avoir d'enfants. Cela était très difficile de choisir, mais je crois que la chaleur que je retrouve dans mes activités compense bien une autre maternité.

Dans la situation actuelle du Brésil, il faut bien que des femmes et des hommes acceptent de faire ces choix pour que notre pays puisse conquérir les conditions d'une vie digne. Si j'avais trop d'enfants je ne pourrais pas agir comme je le fais ". Ce choix, voire ce sacrifice d'elle même Raimundinha l'a fait à deux. Mais quelle impasse et quelle dureté de vie.

## CONSUELO : UNE CHILIENNE PARMI D'AUTRES

Je m'appelle Consuelo, j'habite un petit village de 5 000 habitants situé entre la mer et la capitale. Santiago du Chili; il est assez touristique car l'environnement est agréable; beaucoup de gens y passent la journée, et les villageois sont des artistes et essaient de vendre leurs poteries qui sont maintenant l'activité principale pour les hommes, les femmes et les enfants (après l'école); il y a 100 ans c'était une activité uniquement féminine, mais la mécanisation des fermes entraîne le chômage des hommes qui y travaillent; ce sont des gens pauvres, qui ont du mal à vendre, sauf à des marchands qui ne paient pas beaucoup.

Ils vivent dans une région fruitière mais ne possèdent pas une parcelle à cultiver : leurs arrière-grands-parents étaient des Indiens du Pérou descendus s'installer dans ce village.

Jeunes et femmes participent à la reconstruction. Avant le tremblement de terre de mars 1985, ils logeaient dans de vieilles bâtisses à 4 ou 5 familles; seules 60 maisons sont restées debout, presque tout ayant été détruit, il a fallu rebâtir d'urgence des petites maisons en bois de 20 m² avec leurs moyens, car il n'y a aucune subvention du gouvernement. Ces 170 maisons ont été construites grâce à l'aide du CEPAL (Commission Economique pour l'Amérique Latine dépendant des Nations Unies). Mais ces maisons ne pouvaient être que provisoires : Il fallait reconstruire de vraies maisons. Un programme de 150 maisons est prévu. Depuis 6 mois, avec l'aide d'architectes, les jeunes qui travaillent à l'atelier de menuiserie crée en octobre 1984 avec le CCFD, participent pleinement à la reconstruction du village. Cette fois, il y a une aide de l'Etat et aussi celle d'amis d'Allemagne... Les femmes tirent la boue nécessaire à la construction des murs (un peu comme les maisons que j'ai vues en France dans la région de Beauvais). On apprécie leur travail car il est plus soigné, mieux fini.

Les jeunes et les femmes seules sont payés pour leur travail. C'est important de préciser que les maisons sont vendues afin de pouvoir en construire d'autres pour loger tout le monde : de larges facilités de paiement sont accordées. Ce sont les femmes qui ont pris l'engagement pour l'achat des maisons; les hommes n'osaient pas signer car ils n'avaient pas de travail assuré dans les fermes qui renvoient de plus en plus.

Dans notre village il y a aussi une école d'Etat et un jardin d'enfants créé il y a 3 ans par les femmes, avec le soutien du CCFD (sans aide de l'Etat). 5O enfants s'y rendent chaque jour : 25 le matin et 25 autres l'après-midi. Ils sont encadrés par deux jardinières d'enfants qui sont deux jeunes filles du village ayant fait des études, et une institutrice spécialisée qui supervise une douzaine de jardins d'enfants.

Pour pourvoir à l'entretien et payer les deux jeunes filles il faut trouver des ressources. Alors nous faisons une braderie avec les vêtements usagés que des amis français et suisses nous envoient.

De même, nous pensons qu'il est important de ne pas" faire la charité ", aussi une participation mensuelle est demandée aux parents; parfois les gens paient en poteries (valeur 500 pesos, soit 25 F).

De même, ce qui est apporté pour le goûter est réparti entre tous et complété par des gâteaux et du lait donnés par des amis. La finalité de cette école c'est la solidarité, d'ailleurs tous les enfants portent la même blouse pour qu'il n'y ait pas de différence entre eux.

Nous avons organisé un atelier de tricot. Leurs mères se réunissent deux fois par mois pour discuter et prendre le thé (ce qui est la base essentielle de leur nourriture), elles sont très heureuses de prendre ce temps pour elles. La première année les femmes parlaient cuisine et tricot et échangeaient leurs recettes et leurs " trucs ". Mais l'année suivante elles ont demandé à recevoir des cours d'éducation sexuelle, car leurs enfants l'apprennent à l'école, et elles désirent ne pas être ignorantes par rapport à eux. J'ai donc invité des amies du Centre de la femme à Santiago, organisme aidé auparavant par l'Eglise, mais plus maintenant. Les femmes sont venues régulièrement une fois par mois à la session où l'on projetait des diapositives.

Cette année, les habitudes ont été bouleversées à cause du tremblement de terre. Après un certain temps, sans se réunir nous avons décidé d'organiser un atelier de tricot pour la vente. Il fonctionne bien car les femmes ont voulu se renseigner sur ce qui se portait, avec des nouvelles dimensions (elles ignoraient car elles-mêmes ne portent que des vêtements de récupération toujours trop serrés). Une fois le prix de la laine déduit elles gardent 80 % du prix de vente, les 20 % restant servant à l'organisation de l'atelier.

Cet argent leur sert pour les dépenses de santé car il n'y a pas de Sécurité Sociale et, parfois, pour faire des voyages à la plage en famille; avant, personne ne connaissait la ville (60 kms) ou la mer (40 kms), et dans le village pas de distractions, et évidemment pas de cinéma.

Pour vous donner une idée de la vie là-bas, je vous donne le revenu moyen par famille : l'équivalent de 400 F par mois, c'est peu, même si la vie est 40 % moins chère qu'en France. Il faut dire que les gens, qui ont en moyenne 3 enfants mangent très peu et boivent surtout du thé.

A cause de la mauvaise alimentation, de nombreux accouchements, du travail dur du matin au soir, les femmes qui ont 30 ans paraissent parfois plus âgées que moi qui en ai bientôt 60; elles sont édentées et ont un corps très déformé, encore plus accentué par les vêtements très usagés qu'elles portent. Aucune n'a jamais eu de vêtements neufs, c'est toujours les enfants d'abord.

Il n'y a pas non plus d'éducation sanitaire.

Les hommes prennent bien le fait que les femmes s'organisent elles-mêmes, sauf peut-être les plus vieux. De toute façon, elles viennent à l'atelier quand les enfants sont au jardin d'enfants ou à l'école, et puis elles sont si heureuses de ce moment pour se rencontrer entre elles. Notre prochain projet ? Un salon de coiffure, car à voir défiler les touristes elles ont peut-être envie de s'occuper d'elles...

Sept femmes sont présidentes de secteurs. Je voudrais parler aussi des responsabilités civiques dans notre région. Un genre de maire est nommé par le gouvernement dans le bourg le plus important; il envoyait des invitations pour des réunions mais personne ne venait. Alors il a été décidé une division territoriale avec permission d'élire des présidents de secteurs démocratiquement; il y a donc 8 groupes dans notre région, et sur 8 présidents 7 sont des femmes. Notre groupe se compose de 180 familles, et chaque communauté fait ce qu'elle veut; par exemple, nous achetons en gros les produits d'alimentation et les vendons moins chers; d'autres font des coopératives pour acheter des maisons.

## ASIE

### VIBBUTHO :UNE MERE EN COLERE POUR SA FILLE

" Parfois, je ressens beaucoup de colère lorsque ma fille est traitée injustement. Au cours des sept dernières années de mon mariage, j'ai réalisé que, en Asie, même si je restais faible et humble, soumise et masochiste, je ne serais pas bien traitée, ni respectée. Je me suis demandée : alors pourquoi ne pas s'affirmer.

Maintenant je suis décidée, je vais défendre les droits de ma fille. Je veux qu'elle reçoive un bonne éducation, qu'elle soit autonome, courageuse, confiante, et économiquement indépendante ! "

**EUROPE**

## NATHALIE : UNE JOURNALISTE ECARTELEE

Etre femme, être épouse, être mère est-ce possible ? Conjuguer des activités professionnelles prenantes, passionnantes comme celles de baigner dans l'actualité avec l'ensemble de ce qui remplit la vie d'une épouse tout en ayant des enfants et en essayant d'avoir le pied dans la communauté scolaire pour suivre ce qui s'y passe, est-ce un rêve fou ? Je ne le pense pas, je crois que c'est une question d'organisation de la vie mais aussi de dialogue avec la famille pour que le conjoint et les enfants acceptent et, donc comprennent cette aspiration, qui leur apporte aussi en retour des bouffées de l'extérieur.

Bien entendu cela ne va pas sans difficulté. A vrai dire cela coince parfois. Ecartelée entre ces trois visages de femme, je me demande si ce rêve devenu réalité, je ne le paie pas dans ma peau ou si je n'impose pas aux miens un rythme trop rapide et une vie trop remplie.

Deux garçons de 19 et de 7 ans ont leur mot à dire et ils le disent. Pour le grand sa mère c'est quelqu'un qui rajeunit alors qu'elle vieillit chaque année. Son métier il voudrait pouvoir le faire un jour. Il ne se plaint pas de ses absences. C'est normal après tout il y a des hommes d'affaires, pourquoi les femmes n'auraient pas le droit de voyager pour leur métier ?

Pour le petit, quand sa mère n'est pas là, il regarde le ciel et montre les avions : dans l'un d'eux peut-être maman est là. A son retour, elle racontera ce qu'elle a vu, de ce pays qu'elle lui a montré sur la mappemonde qu'il a dans sa chambre. Lui aussi est fier et ne se prive pas en classe de détailler ce métier où il faut partir... pour l'écrire " Tu finiras présidente de la république si tu continues à l'écrire partout. Car un président c'est quelqu'un qui doit écrire très bien " Et il ajoute, mais je ne veux pas que tu le deviennes car on ne se verrait plus du tout.

Pour le mari, même si cela fait 20 ans que cela dure, les départs doivent être annoncés avec tact et les absences sont souvent l'occasion de petits ennuis qui prennent l'aspect de petits drames. Et pourtant l'ouverture d'esprit de fait existe. Par contre l'éloignement est mal vécu alors que les absences proches sont acceptées. Quant à lui lorsqu'il voyage c'est normal : il est un homme d'affaires, mais le métier de son épouse a toujours l'air d'être un plus, une échappatoire ! Deux conceptions opposées qui cohabitent en somme.

Interrogées, de nombreuses femmes journalistes avouent que chez elles c'est la même chose [1]. Alors maintenant je me suis habituée à cette seconde nature. Je laisse passer deux ou trois jours et la vie continue comme avant. Je vis avec le jour où cela deviendrait impossible, je m'en irai [1].

## MARIE-HELENE : ATTENDRE UN ENFANT A DEUX ?

Ça m'est venu comme ça, sourdement d'abord, bien enfoui dans ma tête, une idée qui trotte, mais ne se révèle pas, et puis de plus en plus précisément, par petites touches successives, c'est arrivé : j'avais envie d'un quatrième enfant ! Je me voyais déjà en train de pouponner un tout petit, mais je n'en parlais pas, ou de manière indirecte...

Un midi j'ai dit mon désir; j'attendais un dialogue, la réponse fut brève : " Je n'ai pas envie de parler de cela en ce moment " ! J'essayais de savoir pourquoi, rien à faire ! J'ai attendu...

Une quinzaine de jours plus tard, Etienne me dit : " Je ne voulais pas parler de cela avec toi car j'avais peur que cela ne soit qu'une envie passagère de ta part, mais tu sais, j'ai très envie d'un quatrième enfant... "

Si la première réponse m'avait laissée songeuse, la deuxième m'a assise ! Nous n'en avions jamais parlé auparavant. J'étais heureuse. Je me disais : nous voulons un enfant tous les deux. Nous allons revivre cette aventure, porter cet enfant ensemble, le mettre au monde ensemble...

Aujourd'hui, je suis enceinte de deux mois, et j'ai déjà le sentiment de porter cet enfant toute seule, comme le précédent (pourtant si désiré !). Si quelqu'un parle du bébé à venir, ce sont mes filles aînées (8 et 7 ans) et moi.

Alors je m'interroge, je ne comprends pas : qui est cet homme dont le désir est si grand d'avoir un enfant, et qui semble indifférent à ma grossesse ? Pourquoi veut-il des enfants et supporte-t-il si mal de vivre la famille au quotidien ? Nos tâches sont-elles si bien définies que les interférences deviennent difficiles à assumer ? Nous portons chacun de notre côté une partie de la maison et des activités annexes différentes.

Mais que partageons-nous vraiment ? Notre part, il me semble, nous pèse tant souvent qu'il nous est impossible de vivre, même pour un temps, celle de l'autre... Etienne a-t-il peur de cette charge supplémentaire et, de ce fait, ne peut-il partager notre attente à tous les deux ?

Ou bien, attendre un enfant est-il le fait de la femme, car elle le vit dans son ventre de manière bien réelle ? Est-il difficile pour un homme d'assimiler cette attente à son propre vécu ? Est-ce moi qui ne sais pas reconnaître les signes et les gestes d'attention d'Etienne ? Je ne sais pas... Cet enfant à venir, pourtant, est une chance nouvelle pour nous de partager... Pouvons-nous encore la saisir ?

---

(1) Voir le livre publié par l'AFJ (Association des Femmes Journalistes) - Maison de l'Europe - 35, rue des Francs-Bourgeois - Paris.

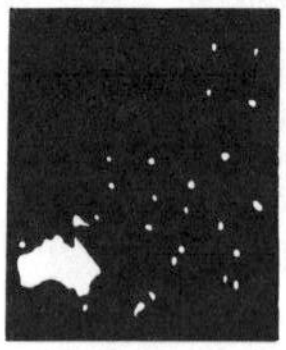

## OCEANIE

### TONGA : LES ENFANTS DE TOUT LE MONDE !

" Chez nous, à l'île de Tonga, c'est encore la famille élargie, les enfants sont les enfants de tout le monde. Il en est de même pour les personnes âgées. On n'attend pas que vous payiez la personne qui garde. J'ai 10 enfants, d'autres les gardent pendant que je suis ici avec vous au Forum ".

CHAPITRE — III

# L'EDUCATION : L'IGNORANCE EST LA MERE DE TOUS LES MAUX

IRAN : *Réfugiés afghans, centre de quarantaine de Bardsir (province de Kerman). Les écoles sont ouvertes aux réfugiés du début du primaire à la fin du secondaire.*

*Pendant des siècles à travers le monde l'éducation des jeunes enfants s'est transmise de générations en générations par le biais des femmes, ensuite la petite fille était plus particulièrement éduquée par les femmes, alors que le petit garçon rejoignait le clan des hommes mais avant d'y être complétement intégré il devait franchir les étapes d'une initiation rituelle.*

*Chez nous, c'est à travers valeurs et culture véhiculées par la famille que l'enfant à son tour devenait adulte et le cycle recommençait. Par tradition les hommes étaient tournés vers l'extérieur : chasse, pêche, guerre, culture de la terre, allumer le feu, etc.*

*Les femmes s'occupant des tâches intérieures; donner la vie aux enfants, les élever, cuisiner, faire les cueillettes, l'habillement, elles s'occupent aussi de l'eau et de l'agencement de l'habitat, et bien d'autres choses encore. Toutefois dans la majorité des sociétés, si les femmes étaient vouées au silence, leur pouvoir occulte était important.*

*Pendant très longtemps, c'est probablement l'éducation artistique, qui a été la plus développée, elle s'adressait aussi bien aux hommes, qu'aux femmes, le théâtre, la musique ont de nombreux adeptes aussi bien à l'époque du Moyen-Age que de nos jours, dans la plupart des civilisations.*

*Pendant de longues époques, ce sont les jeunes garçons qui vont bénéficier d'une forme de scolarisation, qui était offerte, en Asie, dans les pays islamiques, en Europe par les moines des diverses congrégations, catholiques, boudhiques, musulmanes, etc.*

*Les rares jeunes filles qui recevaient une instruction la devait à des gouvernantes et institutrices qui habitaient dans les familles, ce qui excluait le plus grand nombre du savoir, des lettres et des sciences. Chez nous, il faudra attendre Jules Ferry pour que l'école se généralise, mais les filles ne seront pas les plus nombreuses à la fréquenter malgré tous les efforts de cet homme.*

*Et aujourd'hui encore, dans de nombreux pays, les parents ne souhaitent pas envoyer leurs filles à l'école, car cela coûte cher, c'est une perte de capital, puisque cette dernière partira dans la famille de son mari et ne pourra donc rien apporter à sa propre famille en contrepartie des efforts et des privations assurées par cette dernière pour scolariser sa ou ses filles.*

*C'est à partir des années 50, que des choses vont évoluer et rapidement. La majorité des pays décolonisés feront le choix de l'école obligatoire, mais que d'écarts entre le choix politique, la réalisation concrète et les valeurs véhiculées dans les diverses sociétés.*

*De grandes campagnes d'alphabétisation furent organisées par certains gouvernements avec l'appui des populations et des agences spécialisées de l'ONU. Aujourd'hui, malgré la forte poussée démographique le taux d'analphabétisme reste constant, presque la moitié de la population mondiale, dont 75 % de femmes.*

*Il est à noter que certains ont su en quelques années inverser les données : 1979; au Nicaragua 35 % d'alphabétisés, fin 81, le taux monte à 80 %, d'où l'importance de la volonté politique, mais aussi le vouloir des gouvernés, car pour conserver les acquis, ceux qui savent doivent partager leur savoir avec ceux qui ne savent pas.*

*Sur toute la planète on voit apparaître, des cours d'alphabétisation, de plus en plus demandés en langue vernaculaire, orale, et écrite, à partir de la vie quotidienne, des cours d'éducation sanitaire, de couture, de cuisine, tricot, mais aussi de formation politique, civique et juridique, ceci à l'attention des femmes.*

*Les femmes se regroupent, elles s'organisent, l'amélioration de leur vie quotidienne et celle de leur famille est aujourd'hui devenue primordiale, elles ont pris conscience que seule on ne peut rien, mais qu'en se regroupant, en partageant leurs soucis et leurs connaissances, en faisant le choix d'envoyer leurs enfants, garçons et filles à l'école, elles font progresser la société. Leur volonté collective est de faire évoluer le monde vers des lendemains plus humains.*

## AFRIQUE

### ILLARIA : UNE EDUCATION MUTUELLE

Je m'appelle sister Illaria. J'habite avec 3 sœurs dans une mission au pied des montagnes Aberdare (Kenya). J'ai 45 ans. J'ai beaucoup appris avec les femmes d'ici et ensemble nous essayons d'améliorer leur condition. Jusqu'à maintenant, je suis allée dans les villages pour leur enseigner comment soigner les enfants, comment tenir leurs maisons.

Il y a plus de 10 ans, on m'a demandé d'aider ces gens d'une autre manière parce qu'un grand nombre d'enfants mouraient. Ils souffraient et me demandèrent de suivre une formation d'infirmière non seulement pour soigner, mais aussi pour prévenir les maladies en améliorant les conditions des familles.

J'ai commencé à me former au Kenya le 1er juillet 1980, je suis restée en formation 3 ans. J'ai fini et je remercie Dieu car ma formation fut très dure. J'ai tout appris en anglais. Je suis heureuse maintenant de cette occasion d'aider ces gens. Maintenant nous allons construire un dispensaire pour la protection des mères et des enfants. Non seulement pour donner des traitements, des médecines, mais aussi pour leur enseigner la prévention; si les femmes sont bien organisées, bien enseignées, elles deviendront une grande force, ici même, au Kenya.

Je me souviens du temps où je suis arrivée, j'ai vu sur un chemin un homme et une femme, la femme portait un fardeau de bois, elle portait de l'eau et un bébé. Peut-être en attendait-elle un autre. L'homme allait derrière elle sans rien. Avec la vie chrétienne où nous avons à nous aimer les uns et les autres, nous devons améliorer les conditions des femmes. C'est mon but ici. Nous devons commencer ce dispensaire .

A Nairobi, on est très loin des conditions de vie des femmes des régions rurales éloignées. Elles n'ont pas d'eau ici, elles ont à marcher 4-5 kms pour chercher l'eau et la porter sur leurs épaules. Ensuite il faut la purifier. Nous devons montrer et apprendre aux femmes à bouillir l'eau, car l'eau ici est contaminée. Nous avons beaucoup de maladies : vers, amibes, infections. Bien qu'ici l'endroit soit assez froid l'eau est un gros problème.

Nous avons ici pour les filles une école : c'est un internat d'enseignement ménager (en 3 ans). Elles apprennent comment protéger la famille, améliorer la condition des femmes au Kenya. Elles obtiennent des degrés (3, 2, 1). Elles peuvent enseigner ensuite dans des écoles primaires l'enseignement ménager. Elles peuvent ouvrir une boutique. C'est une école très appréciée.

La semaine dernière le EDO est venu (Education District Office) Il nous remercia pour ce que nous faisions pour les femmes dans cette contrée très reculée. J'ai appris la langue de ce peuple (le Kikuyu). Nous avons des filles de toutes tribus. Je suis Italienne, elles sont Kenyennes, nous vivons ici comme une famille.

Je veux mettre l'accent sur le fait que les étudiants qui sont ici sont des filles. On nous les demande de beaucoup d'endroits pour être enseignantes, des leaders de groupe, car on leur a appris beaucoup de choses.

Dans le village il y a 3 dames qui furent étudiantes dans notre école. Elles sont mariées avec des maîtres de la plus proche école primaire. Elles ont créé une très bonne atmosphère de famille. Elles ont élevé la situation des femmes. Nous avons une école maternelle dans la mission, nous avons plus de 100 enfants venant chaque jour ici. Ils viennent le matin et repartent l'après-midi.

Je voudrais parler de mon travail à propos de Natural Family Planning, car ici, en Afrique et au Kenya, si une femme n'a pas d'enfants ce n'est pas apprécié vis-à-vis de son mari, et il aura une autre femme très vite et renverra la première. Mais les leçons du Natural Family Planning, c'est apprendre comment avoir un enfant, comment elles peuvent avoir un enfant. Si elles ne peuvent donner l'enfant demandé, c'est dramatique (elles ne servent qu'à donner beaucoup d'enfants).

Si elles ne peuvent pas c'est le mari alors qui est responsable, et pour l'homme c'est très difficile d'accepter d'avoir un examen par le docteur, les hommes pensent que c'est toujours le problème des femmes; ils apprennent comment la femme est faite et pas seulement comment l'utiliser.

Si vous demandez à un homme : " Combien d'enfants avez-vous ? "; il répond " Je n'en ai pas, c'est ma femme qui les a ". C'est un grand point sur lequel nous travaillons pour la condition de la femme.

Nous travaillons pour la famille, pour le plus grand bénéfice de l'enfant. Si l'homme est le patron de la famille il n'y a pas de famille. Nous apprenons aux hommes à respecter leurs femmes, à connaître le corps de leurs femmes, à apprécier le don qu'ils ont reçu de Dieu. Je reçois beaucoup de confidences d'elles; elles me disent : " Dites çà à mon mari, etc ". Maintenant je connais beaucoup de monde. Ils respectent beaucoup de choses qui viennent de la clinique, du dispensaire.

Voilà ce que je fais pour améliorer la situation des femmes. Aidant les femmes, j'aide toute la famille, j'aide toute la société africaine.

## AMERIQUES

## MARIA : UNE ECOLE POUR LES PAUVRES

Un petit groupe d'une dizaine de membres venant d'une communauté chrétienne de Paris est allé passer quelques semaines en Argentine. Devant attendre une correspondance pendant 3 jours à Rio nous avons, grâce à un prêtre français qui habitait dans une des favellas de Nova Iguaçu, pu rencontrer la responsable d'une communauté ecclésiale de base, voici ce qu'elle nous disait et ce que nous avons pu voir de nos propres yeux.

" Après avoir lutté pour l'installation de l'eau, de l'électricité, nous avons pris conscience que nous devions faire quelque chose pour nos enfants. Dans le quartier, nous étions tous trop pauvres pour les envoyer à l'école (au Brésil, il faut pour être inscrit à l'école avoir des chaussures et un crayon).

Après plusieurs réunions de parents, peu avant la rentrée, il y a deux ans, nous avons décidé d'envoyer Ana 13 ans et Irma 14 ans à l'école, le matin, pour cela toutes les familles du quartier se sont réunies et ont mis en commun l'argent nécessaire pour l'achat du précieux matériel. L'après-midi, les deux jeunes filles sont chargées de faire l'école aux plus jeunes du quartier. Dans le fond de la courette, nous avons construit une petite école, avec des planches, des cartons, des vieux bidons ".

Venez voir, nous dit Dona Maria, les deux jeunes filles sont au tableau, l'une dicte, l'autre écrit, une trentaine d'enfants sont penchés sur leur cahier, " ils travaillent dur " nous dit Ana, car tous veulent apprendre et pouvoir aller à l'école secondaire.

Irma, pendant la récréation nous montre les cahiers, ils sont propres, bien tenus. Les institutrices sont exigeantes, les parents aussi et les enfants progressent très rapidement. Cette petite école aujourd'hui démultipliée représente un immense espoir pour de nombreux jeunes.

**ASIE**

## MARLYN : AUTOFORMATION

Certaines femmes n'ont pas accès à la formation. Mais la vie n'est-elle pas une école ! Les difficultés auxquelles s'est affrontée Marlyn, femme de coupeur de canne de l'île de Négros (Philippines) lui a permis d'apprendre comment se défendre, pour elle et les siens, mais aussi au nom de toutes les familles de coupeur de canne. Cette auto-formation l'a amené à devenir responsable syndicale.

Si Marlyn qui habite à l'hacienda Camily, a 33 ans, passe encore pour être la femme de son mari, elle est cependant d'abord une syndicaliste, combative.

Elle assume cette charge qui, sous la dictature de Marcos, pouvait l'envoyer en prison. Malgré trois enfants, Marlyn continue pour améliorer la vie dans l'île tellement dépendante de l'exploitation de la canne à sucre.

## EUROPE

### MARIE-CLAUDE : DES OUTILS AU FEMININ

Marie-Claude travaillait dans le textile, comme monteuse sur une chaîne de fabrication de pantalons. La coupe elle en connaissait un rayon. L'exploitation aussi. Salaire à la pièce, cadences à respecter, primes pour les plus rapides, Marie-Claude un jour en a eu assez.

Elle a rejoint la section syndicale CFDT. De fil en aiguille, elle est devenue déléguée de la section, au syndicat Ha-cui-tex (Habillement, cuir-textile) de la Loire. Propulsée à cause de son dynamisme au bureau national de la fédération CFDT, elle devient permanente en 1970. Elle y restera jusqu'en 1976. Non sans avoir préparé sa réinsertion. Le jour où elle annonce qu'elle suit des cours de formation de mécanique, tout le monde la regarde étonné.

" Mécanique pour la couture lui dit-on ". Avec un léger sourire, et beaucoup de tranquillité Marie-Claude, avec sa petite taille qui n'a rien de masculin répond : " mais non mécanique auto ". Une bonne année de cours au milieu des collègues masculins qui la plaisantent sur le fait que les outils ne sont pas faits pour sa main, ne la font désister. " Nous entendons toujours dire que les femmes sont habiles. Alors il ne suffit pas d'avoir des biceps pour donner un tour de vis. La clé à molette, moi-aussi je sais l'utiliser. "

" Mais après la formation ce qui a été le plus dur c'est de trouver un boulot ". Marie-Claude raconte combien de fois elle s'est fait fermer la porte au nez quand on voulait embaucher " un mécanicien ". " j'avais beau expliquer ma formation, demander un essai, rien n'y faisait. On m'a même proposé un travail de dactylo pour ne pas m'éconduire ".

Après une année d'incertitudes Marie-Claude est entrée dans une usine, seul endroit où elle a été acceptée comme mécanicienne dans une fabrique de tracteurs. Cette histoire " véridique " montre combien il est difficile de bousculer les habitudes en matière d'égalité de métier.

Si Yvette Roudy de 1981 à 1986 a donné une impulsion dans les évolutions de carrière, obligeant les employeurs à rédiger leurs annonces d'emploi au féminin, il n'en demeure pas moins que les hommes sont plus égaux que d'autres dans certaines professions qu'ils ont occupées par prédilection. Quelques années après j'ai retrouvé Marie-Claude et dans un grand éclat de rire : elle m'a dit " ça roule ".

**MAYA : ETRE SENEGALAISE EN FRANCE**

Aujourd'hui, je pense que, comme beaucoup de filles de ma génération, je serais la jeune fille sénégalaise classique qui après des études et avoir bien servi dans la maison de ses parents, se marie et mène une vie de mère de famille comme sa mère.

Heureusement mon appartenance à un mouvement, en particulier féminin, dès l'âge de 8 ans m'a permis de voir autre chose, de sortir du cercle familial, d'avoir ma place dans la société et j'avais mon mot à dire surtout en tant que femme immigrée. Le guidisme m'a ouvert les yeux sur le rôle de la femme dans le développement de son pays ou de celui où elle vit et de la place importante qu'elle tient. Cette découverte et l'apport du guidisme, m'aident à m'affirmer en tant que telle et à mener une vie autre, beaucoup plus libérale que la sénégalaise classique.

Mais étant sénégalaise et immigrée cela me fait rencontrer quelques difficultés avec mes parents et aussi mon entourage familial (cousins, oncles...) les problèmes, avec mes parents viennent très souvent de mes cousins et oncles qui n'acceptent pas, à mon âge, de me voir partir camper plusieurs jours, de sortir avec mes amis, de participer à des réunions... Ils pensent qu'étant en âge de me marier, je devrais tout laisser tomber pour mener une vie conjugale.

Ils montent donc la tête à mes parents et les mettent en cause de ce qui arrive aujourd'hui. Ils veulent que mes parents m'empêchent de continuer d'adhérer à ce mouvement, chose impossible car l'amitié que mes parents ont lié avec la responsable et la confiance qu'ils ont en elle, les en empêchent.

Mais, pour ce qui est du mariage nous avons très souvent des accrochages. Sans m'y obliger, ils voudraient que je me marie (à cause de ce que commence à penser les gens) mais ils savent très bien que cela se fera lorsque je l'aurais décidé et avec la personne que j'aurai choisie. Je crois que si je peux agir comme cela c'est un peu grâce au Mouvement.

**OCEANIE**

**SUSANA : CE QUI DEPLAIT AUX MARIS**

" Chez nous, les femmes commencent à entrer dans les syndicats. Cela déplaît souverainement au gouvernement, mais cela déplaît d'abord aux maris ".

## SUSANA : A PIED, A CHEVAL ET EN BATEAU

Susana Evening est fidjienne. Et fière de l'être. Mais elle a constaté que peu d'étrangers savent exactement où se situe son pays et les Français, traditionnellement ignorants de la géographie, ne font pas exception à la règle. Susana ne se fait guère prier pour montrer, sur la carte du Pacifique, quelques points entre les îles Cook et la Nouvelle-Calédonie.

Les Fidji sont peuplées principalement d'Indiens, amenés par les colonisateurs britanniques, et de Mélanésiens. Depuis l'indépendance en 1970, les différentes ethnies ont cohabité sans trop de problèmes et seule la question de la propriété de la terre les oppose de temps à autre. Cette coexistence pacifique (si l'on peut dire) est essentielle aux yeux des Fidjiens. C'est pourquoi ils constatent avec inquiétude qu'en Nouvelle-Calédonie la haine pourrait dresser les communautés les unes contre les autres.

Susana est actuellement secrétaire de la Ligue des femmes catholiques des Fidji. A ce titre, elle fait également partie du Conseil national des femmes qui regroupe une quarantaine d'associations professionnelles, syndicales, confessionelles... et travaille en collaboration avec le gouvernement.

Susana qui est infirmière, avait abandonné cette profession pour élever ses six enfants. Mais, en 1979, elle décide de s'engager aux côtés d'autres femmes à la fois pour participer au développement de son pays et pour élargir ses propres horizons. Elle coordonne maintenant un grand nombre de projets, dont l'objectif est d'aider les Fidjiennes, notamment celles qui vivent dans les régions rurales, à mieux se prendre en charge. C'est un travail de longue haleine, qui se heurte aux mentalités traditionalistes de beaucoup d'hommes partisans de la " femme au foyer ".

Susana anime ainsi de nombreuses réunions de formation dans les villages disséminés dans les innombrables îles de l'archipel. Ce qui n'est pas une sinécure. Car il faut d'abord se rendre sur place. Or la configuration même des Fidji rend les communications extrêmement difficiles. Heureusement Susana est une femme énergique et qui ne craint pas d'alterner les longues marches, les déplacements en bateau et les voyages à cheval pour parvenir jusqu'aux coins les plus reculés de l'archipel. Elle espère toutefois que bientôt un grand nombre de villages seront équipés de la radio, qui devrait permettre un gain de temps... et d'énergie.

Les séances de formation que Susana et ses collègues animent permettent aux femmes d'apprendre les règles d'hygiène et d'alimentation, les soins des enfants, mais aussi l'économie familiale. Elle les incite à s'unir, à s'organiser en petits groupes. La qualité du travail qu'elles effectuent a attiré l'attention de ceux qui, au départ, regardaient ces intruses d'un mauvais œil : les hommes. " Certains d'entre eux souhaiteraient même maintenant se joindre au mouvement " précise Susana d'un air malicieux.

En plus de ce travail directement sur le terrain, Susana s'efforce de faire entendre la voix des femmes par le gouvernement fidjien et c'est pourquoi elle est membre du Comité consultatif des femmes. Elle tient beaucoup à ce que les femmes catholiques soient représentées en tant que telles dans les instances officielles auprès des musulmanes, des protestantes, des hindouistes...

Cette ambition ne s'arrête d'ailleurs pas aux frontières de son pays puisque Susana travaille également en collaboration avec la Conférence des Eglises du Pacifique, à laquelle depuis 1981 participent toutes les Eglises. Organisation unique en son genre la Conférence se préoccupe entre autres choses de la question nucléaire, très sensible dans toute la région, mais aussi des problèmes d'autodétermination. d'échanges touristiques entre l'Asie et le Pacifique... Autant de problèmes vitaux pour ce continent dans lequel certains voient le nouveau centre du monde.

CHAPITRE — IV

# LE TRAVAIL :
# LES FEMMES SONT IMPAYABLES !

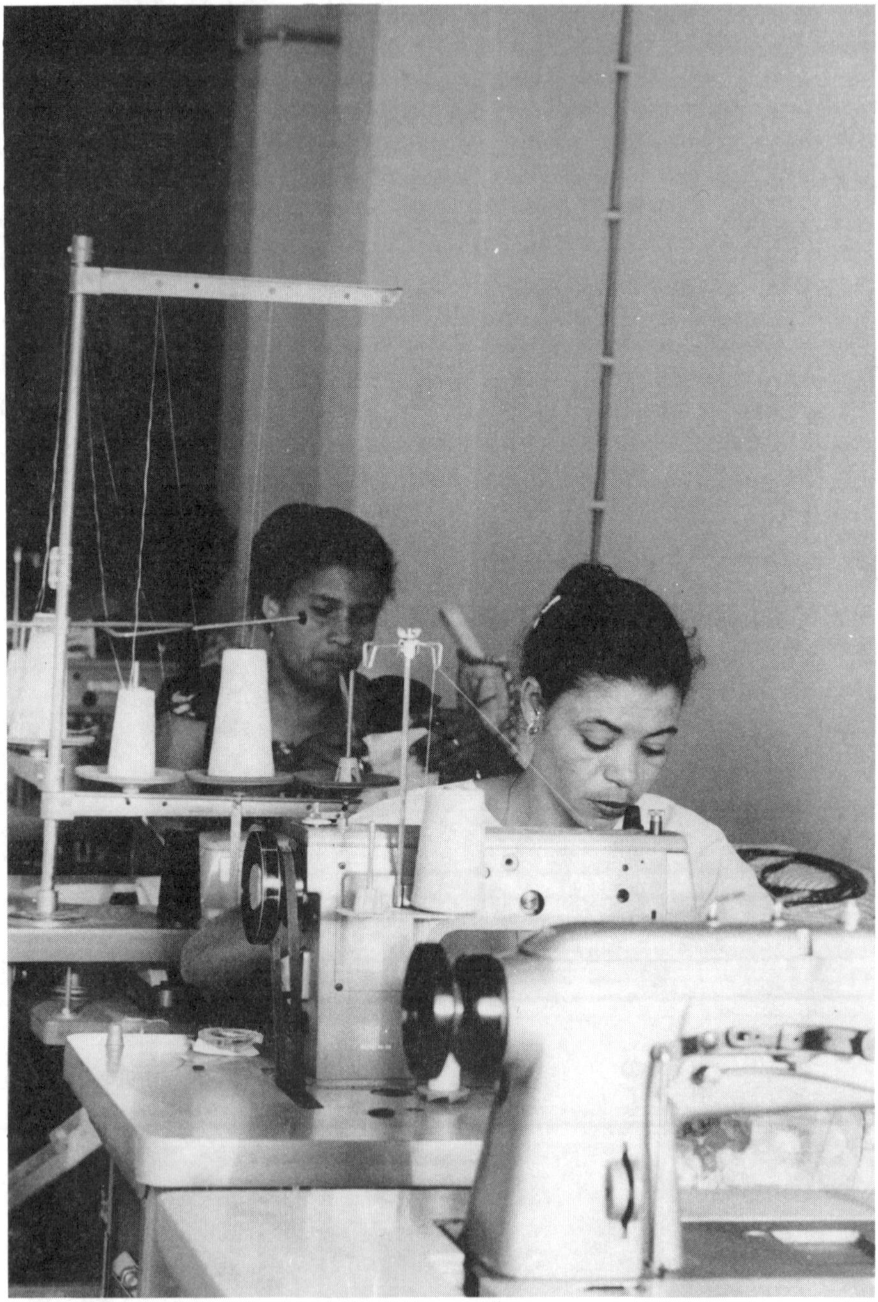

*Coopérative du 8 mars à Praia, au Cap Vert.*

*Travailler pour gagner sa vie, c'est le lot de millions d'êtres humains dans le monde. Mais au-delà de ce besoin il y a aussi la volonté de s'insérer dans les réalités sociales qui amène des contacts, et pourquoi ne pas le dire, une formation.*

*Les femmes, elles, n'ont pas eu accès au travail salarié naturellement. Dès le départ, dans la quasi-totalité des sociétés humaines, l'élevage des enfants, les activités tournant autour de la maison, parfois accompagnées d'activités rurales, leur ont été réservés.*

*Bien entendu, toutes ces tâches ne sont pas payées. Sortes d'activités clandestines, elles sont aussi méconnues. Même si l'on parle maintenant d'un salaire au foyer qui peut être octroyé dans certains pays, comme en Suède, aux hommes ou aux femmes qui élèvent leur enfant, la notion de salariat pour le moment n'est liée qu'à un travail dans le domaine de la production du secteur des services...*

*Bref, à ce qui touche l'environnement extérieur du lieu de vie. C'est donc un parti pris que d'avoir dans ce chapitre sur le travail pris un angle qui traite des activités salariées des femmes. Même si les auteurs de cet ouvrage défendent fortement l'idée qu'il faudrait évaluer (et l'on ferait des découvertes étonnantes et trébuchantes) toutes les heures de travail que les femmes fournissent au foyer, au jardin, au champ, sans oublier les ateliers des artisans et bien d'autres lieux où l'appui au conjoint de l'épouse est déterminant même s'il n'est pas rémunéré.*

*Nous traitons donc du travail, de la formation, de l'orientation, de l'organisation quand il est assorti d'une fiche de paie. Mais n'oublions pas, et c'est souligné dans l'introduction générale, l'ensemble des tâches multiples réalisées par les femmes du monde entier et qui sont source de richesse pour les nations qui en bénéficient.*

*Quand on dit que les femmes sont impayables, cela n'est pas un euphémisme.*

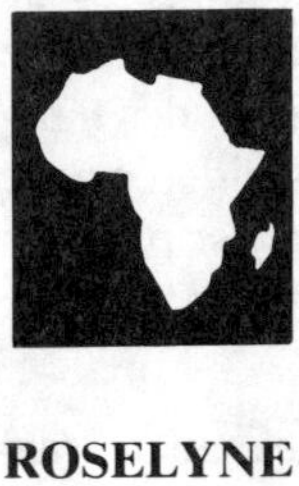

**AFRIQUE**

## ROSELYNE : QUI VA ME REMBOURSER LA MACHINE ?

J'ai travaillé il y a 2-3 ans avec des groupes de femmes qui voulaient faire une coopérative confie Roselyne, une coopérative de couture car c'était la seule chose qu'elles savaient faire. La coopérative dont je me suis occupée n'avait pas de matériel, donc les femmes ont prêté leurs propres machines. La machine à coudre que possède la famille c'est vraiment le gros investissement, c'est difficile de la prêter quand il n'y a pas de pièce de rechange. Le mari dit alors : " Si la machine est cassée, qui va la rembourser ? "

Les maris disent aussi : " Pendant que tu es dans cette coopérative qui ne te rapporte rien, tu ne travailles pas chez nous où le peu que tu aurais fait aurait été pour nous ". Beaucoup de ces femmes travaillent pour des gens qui vendent sur les marchés.

Pour des petits shorts en tissu synthétique on vous donne 5O F malgache. Il faut en faire beaucoup pour arriver à manger ! Si elles veulent en faire beaucoup, il faut continuer la nuit (et il faut donc acheter des bougies). Cependant, la coopérative peut leur donner bien plus que ce qu'elles peuvent faire chez elles ".

## AMERIQUES

### MARIA : AVOIR UNE TERRE A SOI

Profession : agricultrice. Maria vit dans le Nordeste du Brésil. Près de Patos dans le Paraiba. Elle a trois enfants. Son mari est parti à São Paulo lors de la sécheresse qui a frappé cette région de 1978 à 1983. Il n'est pas revenu. C'est elle qui cultive la terre.

Il ne s'agit pas de " sa " terre. Comme plus de 10 millions de Brésiliens, Maria n'a pas de terre pour elle et sa famille. Elle a cependant participé avec d'autres à l'occupation des rives du barrage de Jatoba, un grand lac artificiel sur les bords desquels il fait bon cultiver la terre. Ils sont une soixantaine à s'être organisés sur quelques hectares. Chaque famille donne un coup de main à l'autre. La récolte permet de vendre des produits au marché et de se nourrir. " Nous cultivons du maïs, mais aussi des patates douces et des haricots. Je suis seule avec mes enfants et pourtant je ne suis pas considérée avec mes droits à part entière. Même s'il est admis que ma situation est particulière, je ne me sens pas acceptée totalement. D'ailleurs les femmes n'ont pas droit à la terre sauf si elles sont veuves ".

" Mon mari n'est pas mort, mais il ne donne plus de nouvelles. Je devrais donc avoir les droits qu'il aurait eu. Cela n'est pas juste. Je travaille comme un homme je devrais profiter des mêmes droits ". Ce que vit Maria, beaucoup de femmes en milieu rural connaissent.

Sans chercher plus loin que la France où l'on est encore femme d'agriculteur et non pas agricultrice. Un léger progrès depuis 1986, pour leur maternité les femmes d'agriculteurs ont droit à un repos pour élever leurs enfants. Curieusement c'est pour enfanter qu'elles sont reconnues comme les autres travailleuses. Pour le reste cela viendra après. Quand ? Peut-être Nostradamus l'a-t-il prévu...

## IRMA : LES ENFANTS DE BOGOTA

Ce qui frappe chez Irma Garcia, c'est cet aspect fraternel et amical quand elle parle de sa vie en Colombie et du projet où elle investit une partie de son existence. Cette enfant d'une famille populaire, le père est menuisier et la mère couturière, a néanmoins pu suivre des études universitaires. A 40 ans, elle est heureuse que ce bagage qu'elle a acquis lui serve professionnellement puisqu'elle est professeur d'espagnol, mais aussi dans son engagement dans les quartiers populaires. Les cours de droit auxquels elle s'était inscrite lui permettent d'aider et de conseiller les familles des quartiers populaires de Bogota afin de résoudre leurs problèmes juridiques.

Son temps, elle le partage entre son métier de professeur et celui qu'elle passe au CEPECS (Centre de promotion œcuménique et social). Elle y collabore avec 12 autres personnes. Trois postes sont occupés à mi-temps par des permanents, les neufs autres membres de l'équipe étant bénévoles. Au CEPECS, Irma Garcia a la responsabilité d'une revue bi-mestrielle (Colombie Hoy) [1] qui vise à informer les organisations de professeurs, mais aussi d'autres couches du monde du travail et qui se veut un instrument d'éducation populaire. Dans ce journal, dont Irma Garcia est la directrice de publication, il est traité de la situation économique, du logement, des mouvements sociaux, et aussi de l'influence des militaires sur la vie civile.

Une autre tâche et non des moindres dans ce pays montagneux, c'est la formation des enseignants. En Colombie pour une population de 29 400 000 habitants, on recense 4 millions d'enfants qui travaillent pour aider leur famille. Petits boulots de vente dans la rue, gardes des frères et sœurs, sont autant de justifications, mais aussi des nécessités qui font que ces enfants n'ont pas de contacts avec le système de formation.

C'est à partir de ce constat qu'une réflexion a été menée par le CEPECS sur le système éducatif en Colombie. Mais pour cela il fallait aussi regarder quel était le rôle des éducateurs, leurs responsabilités dans la formation de l'enfant et des jeunes en général.

Une équipe de 6 personnes s'est donc penchée sur la question, et en 1981 un séminaire national sur le thème Education et Société a été organisé. Ensuite, d'autres rencontres décentralisées ont été reprises au niveau

(1) Colombie aujourd'hui.

régional. Plus localement des ateliers de recherches se sont constitués et même si les moyens ne sont pas à la hauteur des objectifs, Irma pense que la question est désormais bien posée.

Mais il fallait trouver une base d'appui.. C'est en milieu syndical que se réalise la formation des enseignants en vue de mieux les préparer à affronter des réalités sociales particulièrement difficiles.

Que veut dire " avoir un métier dans un pays où le sous-emploi est important, mais est-ce avoir un métier que de vendre des cigarettes dans la rue dès l'âge de 8 ans ? Et quel avenir auront ces gamins de Bogota qui, pour rêver un peu, respirent des vapeurs d'essence afin d'oublier leur existence miséreuse ? "

Pour Irma, si les méthodes de formation sont importantes, il ne faut surtout pas oublier la pratique : " Dans les rencontres que nous avons organisées, la place pour les échanges d'expériences est importante. Ainsi, un maître qui venait de la zone amazonienne a dû se poser cette question : comment enseigner à des enfants dont la majorité des parents sont en lien, ou font partie de la mafia de la cocaïne et de la marijuana ?

Il faut regarder et essayer de comprendre les réalités dans lesquelles sont plongés les professeurs. Ensuite, ajoute Irma, outre l'acquis des connaissances qui pose aussi toute la question de la relation de la pédagogie et de la société, il faut voir quels sont les contacts avec les parents. Même si les parents participent peu à la communauté éducative, il est pour nous important qu'ils participent activement au projet éducatif ".

Irma souligne un problème culturel qui se vit dans son pays où les différences ethniques existent. Ainsi, s'il y a 500 000 Indiens en Colombie, dans certaines zones d'éducation ils sont majoritaires. C'est le cas de la région andine qui en plus est une zone de petites propriétés avec un climat plutôt froid.

" Par contre, explique Irma Garcia, vers le Pacifique et l'Atlantique il y a des Noirs qui travaillent dans des grandes propriétés. Toutes ces différences sociales, culturelles, et le poids des traditions qui y sont liées doivent être pris en compte par les enseignants, et c'est un objectif que le CEPECS cherche à faire rentrer dans les mentalités des éducateurs ".'

Ainsi il a fallu faire une grève de la faim pour que les enseignants reçoivent leur salaire. Dans un pays où la violence, la faim, la santé, l'éducation, les transports, y compris les droits humains, sont mal pris en charge, il faut beaucoup de dynamisme pour assurer la formation d'une jeunesse nombreuse dont une partie vit en marge de la société.

## SYLVIA : LES PIEDS SUR TERRE

Sylvia, une architecte au service des communautés villageoises. Lorsqu'elle est arrivée du Pérou, à l'aéroport Charles de Gaulle, pour participer à la

Campagne de Carême sur les sans-abri, sans l'avoir rencontrée, je la connaissais déjà. Je l'avais vue dans le montage sur le projet CRATERRE puisqu'elle est une architecte qui a fondé le centre d'appui technique en milieu rural en 1979. Dans ce montage, elle attendait un enfant. Celui-ci est né, il a grandi.

" Alors, tu as vu que j'attendais un bébé ? me dit-elle lorsque je lui signale ce détail. Il est resté avec mon mari, Alain qui est Français et qui travaille avec nous au Pérou. Huncayo est situé à 350 km de Lima, dans la vallée du Mantaro. C'est là qu'avec dynamisme, Sylvia et ses collègues mettent au point des plans, des outils et des matériaux locaux qui peuvent résister aux séismes.

C'est grâce à cette équipe que la ville de Chupaca, qui compte 13 000 habitants, a vu sortir de terre sa bibliothèque capable d'accueillir 6 000 livres. Un quinzaine de jours bien remplis dans le Nord-Pas-de-Calais et cela a été une reprise de contact avec la France où Sylvia a étudié.

Après ce contact avec d'autres réalités, tout en témoignant de celles qu'elle vit au Pérou, Sylvia confiait : " J'ai souvent entendu les gens rencontrés au cours de mon séjour en France m'interpeller sur ce qu'ils peuvent faire pour les pauvres de mon pays. Je leur répondais : " Ils sont riches quand ils peuvent s'organiser; ils essaient d'avancer; ils se renforcent les uns les autres au sein de leur communauté pour résoudre leurs problèmes.

Avec ses longs cheveux bruns, cette mince jeune femme souriante mais volontaire, incarne bien un exemple au féminin pour un métier que l'on a souvent présenté comme étant l'apanage des hommes.

" J'ai pensé à cet aspect pour adapter les presses à briques que nous avons dans le projet afin que les femmes puissent participer à leur fabrication. Il suffit d'adapter la machine à l'être humain, à sa force physique pour qu'un projet réservé aux hommes puisse aussi devenir celui des femmes ".

**ASIE**

**CHOY PENG : 10 000 COUVERCLES PAR JOUR**

Choy Peng, elle, est à la maison avec sa maman et une de ses sœurs. "On découpe des couvercles de boites en plastique. On reçoit les couvercles en plaque, et il y a deux coups de ciseaux à donner pour faire tomber le couvercle, ça va très vite... En une journée, j'arrive à faire dix mille couvercles.

Oui, dix mille (j'ai fait répéter ce chiffre ex-traordinaire en pensant aux cadences d'une machine...).

Je gagne 0,50 F pour mille couvercles. A trois dans la famille on arrive certains jours à gagner jusqu'à 25 F... Il y a un camion qui passe à la maison, il donne les cartons avec les plaques et prend les couvercles découpés...

Il y a sept ans qu'on fait ce travail à la maison. Nous, c'est bien on reste chez soi. Une de mes sœurs travaille ailleurs dans une petite usine de chaussures pour enfants.

Elle coupe avec des ciseaux les lanières et les coud à la machine. Elle arrive à faire 30 paires de chaussures dans la journée et gagne un franc par paire... On donne tout l'argent à maman ".

**EUROPE**

**MONIQUE : VEILLEUSE DE NUIT POUR CANCEREUX**

" Veilleuse de nuit " dans une Maison médicale pour cancéreux en phase terminale, j'ai passé parmi eux quelques mois. Certains services sont de 15 malades, d'autres de 12, en tout 80 malades.

20h. C'est la relève. Infirmières, aides-soignantes, le personnel de jour s'en va après avoir transmis les consignes. Un coup d'œil rapide sur chaque fiche des malades. Plus tard, je lirai le compte rendu plus détaillé. 20h 45. La tournée commence. J'essaie d'être disponible et attentive à chacun. Avant la nuit cette visite est importante.

Le comprimé à avaler ce n'est rien, ce qui compte c'est la présence. Auprès de grands malades on ne peut " se payer " de mots. Jusqu'à leur dernier souffle chacun demeure un vivant, porteur d'une identité, d'un passé, de souvenirs.

Chacun, comme tout bien portant, a besoin d'aimer et d'être aimé. Le regard, le geste, pour eux sont très importants. Devant ces hommes et ces femmes, 30, 50, 60, 70 ans, c'est pour moi parfois intérieurement la révolte. Sur tel ou tel visage je mets des noms connus ! leur lutte pour la vie est parfois impressionnante.

— Elise, 55 ans, hurle : je n'en peux plus, je n'en veux plus ! Il lui faudra du temps avant que le calmant administré par l'infirmière de nuit fasse effet. Ma main tient la sienne pour essayer de l'apaiser.

— Marie, 65 ans, a la délicatesse de détourner son visage vers la fenêtre, alors que de grosses larmes coulent en me disant : j'aurais tant voulu guérir !

— Suzanne, 70 ans, ne se plaint jamais : Vous êtes un rayon de soleil dans la nuit, je voudrais mourir sans bruit. Son désir est, me semble-t-il, bien à l'image de sa vie.

— Yvonne, 50 ans : Vous avez vu, ce sont mes petits en photo, je ne les reverrai plus jamais. Je le sais, il faut que je sois courageuse.

— Maryse, 60 ans, est là abandonnée de tous. Il lui a mangé tous ses sous. Il sait qu'elle n'est plus intéressante pour lui, alors à quoi bon venir la voir. Elle ne parle plus, son regard est perdu, son ventre gonfle de jour en jour, elle gémit, arrive à peine à boire ses calmants.

— Frédéric, 30 ans, ô toi, tu m'as bousculée intérieurement, tu te débattais comme un “ pantin ”, tu étouffais, il fallait t'aspirer très souvent. Seulement à ton nom tu répondais quand je te disais d'ouvrir la bouche.

Les passages de la vie à la mort sont divers, parfois ils surviennent de façon inattendue, précipitée, tantôt ils durent des heures, des jours, des mois. Dans cet état où la mort est parfois désirée, Dieu est invoqué, appelé, crié, hurlé parfois.

23h. Je commence à y voir plus clair. Un rapide passage à l'office; il est difficile de prendre un repas après tant et tant de souffrances. Réponses aux appels et lecture des rapports de la journée.

24h. Avant de me mettre aux écritures un coup d'œil dans les chambres où sont ceux qui me préoccupent. Denise passera-t-elle la nuit ? Et là, plusieurs perfusions à surveiller. Distribution des calmants. Certains en ont toutes les 4 heures et il faut noter à chaque fois.

1h - 2h 30. Ce sont les heures les plus dures pour moi où il faut lutter contre la fatigue, le sommeil. Un bol d'air à la fenêtre. Les malades me renvoient à la vérité de ma vie : être. Le regard ne trompe pas le malade s'il est vrai. Ce n'est pas le moment de la mort qui est terrible c'est plutôt la solitude qui entoure celle-ci. Je pense aux mains agrippées aux miennes, la peur... leur frayeur jointe à mon impuissance à les aider m'ont bouleversée !

De 5h 30 à 8 h. Je recommence la tournée : la température, les changes, les poches d'urine à vider, les canules à aspirer. Noter tout ce qui a pu se passer au cours de la nuit. Dire à chacun : A ce soir, sachant que l'un ou l'autre ne sera peut-être plus là. 9h. Je suis dans mon lit. Dans les transports je tombais de sommeil, mais celui-ci n'aime pas être contrarié, alors un petit comprimé va aider, car je vis à l'envers de tous.

Tous ces regards m'habitent. Ces gens qui souffrent ont derrière eux toute une vie de labeur, d'amour, de relations, et quand je retourne vers eux je me souviens : “ Le Christ n'a pas d'autres yeux que les miens pour les regarder. Le Christ n'a pas d'autres mains que les miennes pour les soulager. Les mains parlent et prient à leur manière ”.

" Elles peuvent dire ce que nous ne savons pas toujours bien exprimer. Par exemple : l'amitié, la confiance, le partage. Le Christ n'a pas d'autre cœur que le mien pour aimer avec tendresse. Le Christ n'a pas d'autres oreilles que les miennes pour écouter tous ces frères ".

Aujourd'hui, pour raisons personnelles, j'ai dû arrêter. Tous ceux que j'ai connus sont morts. Mais cette expérience de vie est une vraie leçon humainement, spirituellement... et je me dis souvent : pourquoi toujours autour de nous cette course au pouvoir, au savoir... alors que la vie c'est être en vérité, tout simplement ?

Au-delà de ce témoignage, heureusement tous les cancers ne finissent pas comme cela, il y a une forte proportion grandissante de guérisons quand ceux-ci sont dépistés à temps. La science médicale donne beaucoup de raisons d'espérer.

## JACQUELINE : CHOMEUSE EN FIN DE DROIT

Je me présente : Jacqueline, 49 ans, célibataire, profession : mécanographe, actuellement chômeuse en fin de droit. Après avoir été licenciée trois fois, dont deux sans arrêt de travail, la troisième fit mal et est dure à accepter. Aimant mon travail, malgré un patron très dur : pas de contact avec les collègues hommes, pas le droit de fréquenter un collègue ou un ouvrier, sinon licenciement..

Il m'est arrivé, par suite d'une déviation, de faire arrêter le car devant les bureaux : tout de suite le chef de bureau se renseigne : pourquoi descend-elle ici ?

M'étant fait épauler par une personne compétente pour trouver un emploi il fut répondu : " Mademoiselle a une trop bonne présentation de laquelle se dégage une certaine personnalité " d'où hésitation du patronat pour m'embaucher... enfin, je trouve un emploi; le patron très sympathique en sortant me dit : " Nous sommes à peu près du même âge, nous devons nous comprendre ". Hélas, au bout de quelques jours de travail je réalise que les relations devaient devenir plus qu'intimes, alors je quitte l'emploi. Depuis j'ai fait quelques remplacements, puis plus rien depuis quelques années. Combien de déplacements, coups de téléphone, lettres sans réponse favorable !

Je laisse à penser que le moral n'est pas toujours bon. Il y a deux ans j'ai voulu me recycler, j'ai passé des tests. Nous étions des numéros : celle-là ou l'autre... J'ai échoué. Ne me laissant pas abattre je prends des cours par correspondance : recyclage, comptabilité, informatique. Je suis en fin de droit, je ne peux donc reprendre mes cours qui sont encore payants pendant 4 mois. Je tiens à dire que s'il y a de mauvais chômeurs, il y a aussi des mauvais patrons dont on ne parle pas ! Les chômeurs sont toujours, ou presque, incompris et rejetés de la société.

A tous je dis : courage, ne nous laissons pas abattre malgré toutes nos épreuves. Pour moi, j'ai la chance d'avoir foi en Dieu. Il y a tant à dire mais je suis contente d'avoir pu m'exprimer.

## RELIGIEUSE ET TRAVAILLEUSE

Je suis une religieuse qui travaille en usine comme toute autre femme. Je me suis syndiquée pour mieux connaître les problèmes du personnel. La CGT existait déjà mais ne répondait pas à mon idéal. Avec d'autres personnes j'ai créé la CFDT. Avoir plusieurs syndicats c'est mieux, nous nous complétons et nous sommes souvent d'accord pour mener les actions ensemble. La maison X... est une multinationale de deux mille ouvriers avec plusieurs points de fabrication, lorsqu'une usine ne rend pas, le personnel peut être muté ailleurs, il faut être très productif pour pouvoir s'en sortir à cause du marché commun et la qualité s'impose.

Je travaille au four, c'est un travail difficile. La place est restreinte, c'est très fatigant et très salissant, il y a beaucoup de bruit. L'ambiance est à peu près bonne, en sortant on n'a pas envie de s'intéresser à quoi que ce soit. Il faut beaucoup travailler; nous faisons entre 23 et 27 boîtes à la minute, et comme la marchandise laisse souvent à désirer il y a des stocks.

La conscience professionnelle n'existe pas toujours, on met souvent de la tomate pour améliorer la présentation; c'est grâce à une grosse production que les prix baissent et que l'on écoule plus facilement la marchandise, même les boîtes bombées sont vendues aux Africains. Les ouvrières sont conscientes de tout cela. En ce moment 54 emplois sont menacés, il est proposé de continuer à travailler à N... mais seuls les célibataires peuvent se déplacer. Le poisson vient de l'extérieur, la pêche locale n'est pas assez importante. Le chômage est une perte de salaire.

Le directeur a accepté 30 cas sociaux et les ouvriers ont laissé leur prime d'ancienneté pour eux. L'avenir de l'usine est menacé, la direction informe les délégués, mais le personnel ne veut pas consacrer de temps à recevoir l'information. Le patron ne veut pas d'information syndicale à l'intérieur de l'usine, les horaires de travail remplis, les ouvrières rentrent chez elles.

La solidarité est divisée à cause des conditions de travail et des cas sociaux. Au niveau du syndicat nous faisons des concessions de part et d'autre, on ne peut pas se permettre de faire bande à part pour faire face à la situation.

Le directeur de la fabrication est très ouvert aux problèmes du personnel. Les augmentations se discutent à N... En général, on refuse de partir à N... et la pré-retraite n'est pas une solution, car beaucoup d'ouvrières n'ont pas cotisé pendant 35 ans.

Si la direction propose d'éliminer les handicapés, on refusera, on essaiera de trouver d'autres solutions, j'espère que la direction nous informera avant d'agir, les syndicats vont essayer de se défendre et d'aider les plus pauvres. Le manque de travail devient dramatique. On s'est laissé aller à la facilité. Nous aurions dû réagir depuis longtemps et penser à l'avenir.

Que peut-on demander à une maman qui travaille toute la journée. La vie de famille s'en ressent, la pratique religieuse aussi. Avant mon entrée à l'usine il m'était difficile d'avoir des contacts avec les familles, je ne rencontrais que les mères de famille sans emploi. Dans l'usine, j'ai été accueilli favorablement, ils me connaissaient comme religieuse faisant le catéchisme à leurs enfants. En usine on ne peut pas discuter de la foi, c'est dans les familles que j'en discute, j'essaie de visiter les familles le soir en face de chez moi, elles se sentent culpabilisées au niveau de la foi.

Pour elles, la foi c'est la prière, l'Eglise, la vie professionnelle ne regarde pas Dieu, l'Eglise n'a pas évolué pour elles. Elles se confient à moi, elles me parlent des enfants, de la vie familiale. Je pense qu'elles sont contentes que j'y sois.

Pendant les congés j'ai visité beaucoup de familles. Tous les mois je réfléchis à ma vie religieuse avec une équipe. Il faut avoir un idéal, ma vie de religieuse a été enrichie par ce contact. Pour moi le travail à l'usine est parfaitement évangélique.

## JANINE : LA VIEILLESSE PREPARÉE

Agée de 65 ans, je suis née et ai toujours vécu en banlieue parisienne. Mère au foyer, j'ai élevé 4 enfants. Depuis bientôt 14 ans, je suis femme de retraité, ayant, suivant l'expression consacrée, " le mari dans les jambes toute la journée ". Expression totalement fausse dans notre cas, car nous nous étions posé comme règle de vie d'avoir, naturellement des activités communes, mais aussi assez d'occupations différenciées pour garder une certaine indépendance. Nous avons ainsi des sujets de conversations renouvelés.

En 1973, le démarrage de " Fraternité Haute-Volta " sur la paroisse, avec une équipe active, nous a fourni un champ d'action répondant à notre souci de faire quelque chose pour le Tiers-monde. Comme il a fallu des affiches, des tracts, des vignettes, mon mari s'y est mis aussi.

Puis, en 1974, cela a été la préparation et la mise en route très laborieuse de la Bibliothèque sonore de l'Association des Donneurs de Voix. Maintenant, depuis des années, nous continuons à participer à ces associations, mais d'une manière plus modérée, car la fatigue vient plus vite, et les équipes d'animation se sont normalement renouvelées et rajeunies. Quant à moi, je continue à enregistrer sur cassettes et à assurer mon tour de permanence.

Ce travail nécessite une discipline de vie, car il n'est pas question d'amateurisme pour passer le temps, mais de bénévolat aussi compétent que possible. Cette vie partagée en équipe : contact amical avec des personnes différentes, où chacune apporte et reçoit jeunes, moins jeunes, handicapés, et par le courrier avec des religieuses missionnaires et des Africains, m'obligent à tenir les yeux ouverts sur le monde.

Un regard centré sur l'entourage proche n'est pas suffisant pour empêcher cette tendance au repliement sur soi que favorise la vieillesse, et qui est désastreux. Il faut, je crois, élargir le panorama... Alors que pour tant de personnes la retraite sonne un glas, les retraités que nous rencontrons à la Bibliothèque sonore sont des retraités heureux.

Dans un autre ordre d'idées j'ai choisi la pratique du yoga pour me tenir dans une forme physique suffisante. Or, j'y ai découvert aussi un petit peu de la philosophie et des religions orientales. Cela m'a fait réfléchir sur ma propre vie de foi. J'ai mieux compris certaines richesses du christianisme que j'avais toujours considérées comme allant de soi. J'ai réalisé également que les croyants d'autres religions pouvaient, eux aussi, vivre leur foi et être ainsi proches de Dieu.

Le yoga m'a appris à mieux me connaître, à découvrir que l'âme et le corps sont étroitement dépendants l'un de l'autre, et doivent ensemble nous mener vers Dieu. Ils ne sont pas les antagonistes qu'on nous présentait autrefois. Je regrette que le corps participe si peu à la prière. Certaines attitudes y conduisent, d'autres sont, à elles seules, une prière.

Je ne participe que depuis peu aux réunions d'ACGF (1), mais je dois dire que dans mes diverses activités, j'ai rencontré des femmes qui faisaient partie de ce mouvement. J'avais donc déjà vécu dans son ambiance.

Joseph Folliet écrivait : " On n'a pas souvent la vieillesse qu'on a prévue, mais celle qu'on a préparée ". Préparée, inconsciemment par toute sa vie. Malgré les insuffisances, les dégringolades et les remontées pénibles, la vie de foi et la vie tout court sont si imbriquées l'une dans l'autre qu'on ne peut savoir leur part respective dans notre action.

Pour moi, la foi est comme un vent puissant qui nous pousse à aller dans certaines directions où nous ne pensions, où nous ne voulions pas aller, et où, tout compte fait, nous nous sentons à notre place.

(1) Action Catholique Générale Féminine.

CHAPITRE — V

# LA SANTE :
# ELLES PREVIENNENT AVANT DE GUERIR

SOUDAN : *Réfugiés éthiopiens, camp de Gadam-Gefried (Sud Tokar)*
*Chaque famille extrait du puits sa ration d'eau.*

*Au milieu de la piscine à vagues de Saint-Quentin-en-Yvelines, cette petite fille se sent bien.*

*Avec leurs bigoudis, les femmes du Cap Vert ont fière allure. Ici l'île de Maio.*

SOUDAN : *Réfugiés éthiopiens.*
*Le Haut Comité aux Réfugiés a financé une série de travaux de canalisation et d'installation de réservoirs pour assurer un approvisionnement en eau toute l'année.*

*L'histoire de la santé se confond jusqu'à nos jours avec l'histoire de la médecine. Celle-ci remonte aux temps préhistoriques puisque l'on a retrouvé des traces de trépanation sur l'homme et cela dans un but thérapeuthique. En Egypte, 1 500 avant Jésus-Christ, des papyrus font état de remèdes et de prescriptions médicales. Les préceptes hygiéniques entrent dans la pratique des religions, comme on peut le lire dans la Bible. La civilisation romaine, avec ses thermes, l'adduction d'eau, l'alimentation, montre la contribution de l'Etat à la Santé publique. Mais plus tard, au Moyen Age, les grandes épidémies sont vécues comme signes de la fatalité.*

*A la même époque, en Chine, l'acupuncture pratiquée depuis des millénaires place le patient dans une position tout à fait différente vis-à-vis du médecin. Celui-ci est payé pour le maintenir en bonne santé, et si la maladie apparaît, le médecin prend tous les frais à sa charge. Ce qui permet à l'acunpuncture de devenir plus efficace.*

*De la Renaissance à nos jours, la médecine devient plus scientifique et la connaissance anatomique se développe. Pasteur, par ses découvertes, apporte des éléments décisifs pour que la médecine devienne, pour une part, une médecine préventive destinée à maintenir hommes, femmes, enfants en bonne santé..*

*Un siècle plus tard, c'est cette visée que l'organisation mondiale de la santé confirme, développe et propose aux Etats de mettre en œuvre à l'échelle mondiale.*

*En 1978, sous l'impulsion de l'Organisation Mondiale de la Santé, une nouvelle stratégie a été définie pour assurer la santé pour tous pour l'an 2 000. Cette stratégie dite " des soins de santé primaires " s'attaque aux causes de la maladie plutôt que d'être simplement axée sur son traitement.*

*C'est ainsi que l'on a pu préciser que le manque d'eau potable, l'insuffisance d'hygiène, la malnutrition, sont des facteurs prépondérants dans la mauvaise santé d'un pays. Les spécialistes sanitaires se sont petit à petit rendu compte que ce sont les femmes qui peuvent le mieux agir sur ces facteurs : ce sont elles qui nourrissent leur famille, utilisent l'eau, choisissent ou cultivent les aliments, mettent en œuvre des principes d'hygiène élémentaire.*

*Les femmes devenant pivots d'une nouvelle stratégie de santé, il est apparu indispensable de les faire bénéficier de soins (en particulier les femmes enceintes) mais aussi de leur donner un rôle d'agents de santé par la formation.*

*Jadis rejetées par le corps médical elles sont de plus en plus initiées aux soins de santé primaires. On a découvert également que l'éducation des femmes est un moyen puissant pour améliorer la santé d'un pays. Pour une femme savoir lire et écrire est un meilleur élément que les revenus pour donner une bonne santé à ses enfants.*

*Et pourtant, encore les 3/4 des budgets de santé des pays en développement sont affectés en priorité aux médecins et aux hôpitaux; alors que les 3/4 des problèmes de santé pourraient être résolus par la formation des femmes. Une formation qui revient à moins de 2 % du coût de formation d'un médecin.*

*Néanmoins, de nombreux pays ont intégré dans leur stratégie des efforts en faveur des femmes. Pour l'eau quelque 26 pays font actuellement un effort d'étude des besoins particuliers des femmes dans ce domaine. 25 pays ont mis en route des programmes alimentaires spécialement conçus pour les femmes.*

*Quant à la formation des femmes, par exemple après le lancement du programme de formation des " dais ", en Inde les cas mortels de tétanos néo-natal sont tombés de 30 à 10 pour 10 000. Il reste maintenant à faire que les femmes soient dorénavant associées aux instances d'élaboration, de décision de tous les programmes dont elles sont bénéficiaires. Or, dans tous ces lieux là elles sont terriblement sous-représentées.*

## AFRIQUE

### ANNE : DES EGOUTS SONT A CIEL OUVERT

En Afrique, comme partout ailleurs dans le monde, les habitants, chassés de la campagne par la misère, et attirés par les mirages de la ville et ses lumières factices, se concentrent aux périphéries des grandes métropoles. Mais ces nouveaux citadins, sont pauvres, alors ils s'installent n'importe où, là où personne n'aurait construit car le terrain n'a aucune valeur.

Et voilà comment prolifèrent les formes d'habitat temporaire et insalubre, abris précaires, maisons fragiles, baraques de fortune. Dakar, la capitale du Sénagal, ne fait pas exception. Grand Yoff est une banlieue de Dakar.

Elle regroupe en quarante quartiers 50 000 habitants, jeunes pour la plupart (60 % d'entre eux n'ont pas 20 ans). Sa population est ouvrière et artisanale, et ne dispose que de faibles revenus.

C'est une zone d'habitat spontané, chacun s'installe comme il peut et se construit une maison de fortune. A de rares exceptions près, ces logements n'ont aucun système d'assainissement. Les habitants déversent leurs eaux usées dans les rues; les égouts et les canaux sont à ciel ouvert. Grand Yoff est donc un foyer propice aux infections intestinales. L'eau sale attire mouches et moustiques et la puanteur s'installe à la moindre chaleur.

Dans ce quartier à dominante musulmane, la polygamie fait que les moyens de l'homme ne lui permettent pas toujours de satisfaire toutes ses épouses. Donc chacune essaie de se prendre déjà en charge, elle et ses enfants.

Une autre raison c'est que ce sont elles les femmes qui passent le plus de temps dans le quartier (les hommes partent en général au travail le matin et ne rentrent que le soir).

Les différents besoins, propres à la femme sénégalaise, ne serait-ce que par sa participation financière aux différents regroupements auxquels elle adhère (association de voisinage, tontine, association familiale, association d'entraide, sans compter d'autres) font que toutes les femmes ou presque au niveau du Grand Yoff exercent une petite activité génératrice de revenus. Un exemple, dans le quartier de Bagdad elles se sont regroupées en cotisant une somme au départ pas trop élevée. Avec cet argent elles ont mis sur pied un commerce de pagnes et de vaisselle qu'elles écoulent dans le quartier.

Avec le bénéfice elles remettent 1/3 de ce dernier pour financer de petites réalisations au niveau du quartier - 1/3 pour la caisse qui leur sert à financer leur pélerinage religieux, et ceci se répète à l'issue de chaque opération. Je suis sûr que certains vont se demander ce que c'est qu'une tontine : c'est une sorte d'épargne de groupe qui est périodiquement remise à l'une des membres du groupe, lui permettant ainsi de faire face avec ce capital à un besoin (il n'y a aucun intérêt).

Mais si autrefois il était seulement financier, aujourd'hui on voit se développer d'autres formes de solidarités peut-être à cause de la crise, par exemple certains groupes donnent un mélange de savon de sucre et de lait, c'est à dire que chaque femme viendra soit avec un kilo de savon, soit avec un kilo de sucre, soit avec une ou deux boîtes de lait, et la récipiendaire notera ce qu'elle a reçu de chaque personne. Pour pouvoir rendre exactement la même chose ou même la valeur en argent au moment venu.

C'est peut-être difficile à comprendre mais c'est un genre de solidarité très important dans la vie sénégalaise.

S'il est stimulant de travailler avec les femmes, il n'en est pas moins vrai que cela suppose des contraintes du fait de la tradition, la voix ou l'avis de l'homme étant culturellement prépondérant. Cela représente un frein à l'enthousiasme et à la créativité des femmes.

Cependant compte tenu de leurs racines (souterraines il est vrai) dans la société, sans elles, il ne peut y avoir vraiment de développement.

## AMERIQUES

### LUISA : LE MAL DEVELOPPEMENT

A Porto Rico, le statut de l'Ile est particulier. Autonome d'un côté, ce territoire est toujours rattaché aux Etats-Unis. Ceux-ci ne se sont pas privés d'y installer des bases stratégiques qui contrôlent l'entrée de la mer des Antilles. Mais il y a plus, il y a toutes ces industries polluantes que les Etats-Unis préfèrent voir s'implanter hors de leurs territoires. Du coup, dans certains quartiers de la ville de San Juan, les habitants ont des difficultés respiratoires dûes à l'émanation de produits toxiques dans l'atmosphère.

Pire, chez certaines petites filles, à partir de 6 ans on a remarqué l'arrivée de règles précoces. Ces maladies hormonales sont sans doute aussi le fait des produits chimiques.

Luisa, qui travaille dans le cadre de la " Mission Industrial " organise des réunions dans les quartiers pour bien connaître celles qui se plaignent d'avoir des troubles hormonaux. Ces femmes, ces petites filles, sont ensuite examinées par des médecins et des études sont en cours pour essayer de comprendre d'où vient cette étrange maladie.

Car pour Luisa la défense du cadre de vie ne se limite pas à l'environnement, il doit aussi se pencher sur les conditions de vie des habitants. Comme femme elle préfère concentrer ses efforts sur la population féminine dans la mesure où entre femmes ce qui touche les problèmes dits intimes est souvent plus facile à aborder.

### THERESE : DE L'EAU POUR LA VIE

Un court séjour en Haïti m'a permis de comprendre ce que l'eau représente dans les pays du Tiers-Monde. L'eau courante n'existe pas dans certains quartiers des villes. A Port au Prince, la capitale, elle n'est distribuée que le soir entre 17 et 19h; aussi sur le toit des maisons des quartiers résidentiels, des anciens barils de pétrole sont alignés et constituent la réserve d'eau pour le lendemain.

Dans les quartiers populaires, dès que les fontaines sont alimentées, les femmes et les enfants font la queue pour remplir leur bidon. Et une longue procession se forme entre les habitations et le point d'eau, procession à laquelle participent même les très jeunes enfants.

A la campagne, il faut aller chercher l'eau à la source, ou à la ravine (cours d'eau) la plus proche, ce qui nécessite toujours une bonne marche dans un terrain accidenté, car l'habitat est très dispersé. Mais en saison sèche, il n'est pas rare de devoir faire deux à trois heures de marche pour se procurer quelques litres d'eau.

Ceci est répété deux ou trois fois par jour pour obtenir la quantité nécessaire à la famille. Il est impressionnant de voir des enfants d'une dizaine d'années porter sur leur tête des récipients contenant cinq à six litres d'eau, et ceci sous le soleil, dans des terrains accidentés, et sur des distances correspondant à une demi-heure de marche.

Ces scènes me rappellent les corvées d'eau que nous faisions pendant les années soixante, lorsque dans les villages d'Auvergne il n'y avait pas encore l'eau courante. Mais nous disposions de bidons de 20 ou 30 litres, d'une petite remorque, de chemins carrossables, et d'un trajet de 5 minutes !

D'autres choses dans les rues de Port-au-Prince montrent les difficultés auxquelles sont confrontées les populations. Les canalisations d'eau affleurent parfois sur les trottoirs (elles ne sont pas enfouies profondément, car il n'y a pas de risque de gel) et sont alors souvent percées pour provoquer une petite flaque d'eau dans laquelle les gens puisent avec une timbale pour remplir leur seau ! Les femmes utilisent l'eau qui coule dans les camions pour faire la lessive, quand on voit la couleur du liquide, on se demande comment elles font pour avoir des vêtements aussi impeccables.

En fin de saison sèche, quand les distributions d'eau sont de plus en plus rares car les sources sont à sec, les femmes sont contraintes de faire du porte à porte dans l'espoir de trouver un peu d'eau dans une maison qui aurait la chance d'avoir des réserves. Le manque d'eau est difficile à vivre, mais, quand l'orage éclate en fin d'après-midi, la situation n'est guère brillante. En effet, ce sont des trombes d'eau qui s'abattent sur la capitale, les flots descendent de la montagne proche ravinant les terrains et les rues et emportant tout sur leur passage. Et les quartiers du bas de Port au Prince (près de la mer) se retrouvent avec 2 m à 1,50 m d'eau...

Mais l'espoir existe : la récupération de l'eau de pluie qui tombe sur les toits permet, par un système de gouttières et de tuyaux, de constituer, dans une citerne, une réserve évitant ainsi quelques voyages jusqu'à la source.

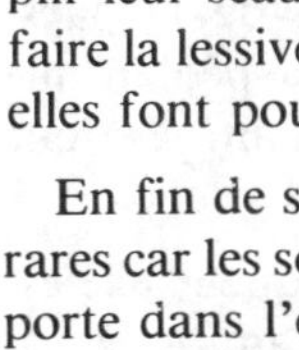

**ASIE**

## HOA : UN REGARD D'ENFANT INSOUTENABLE

Le Docteur Duong Quynh Hoa a fait partie de l'équipe gouvernementale après la libération du Vietnam. Puis elle a donné sa démission et s'est engagée dans le domaine de la santé des enfants.

Cette femme qui vient de recevoir le titre de Docteur Honoris-Causa de la Sorbonne explique que chaque société a ses défauts, mais qu'il faut savoir comment s'y investir pour les corriger. Elle a fondé le centre de recherche pédiatrique dans ce pays de 60 millions d'habitants qui compte un peu plus de 27 millions d'enfants de moins de 15 ans.

La malnutrition touche une grande majorité de ces jeunes qui sont nés dans la guerre que les parents ont connue. Sans compter que ce pays, en pleine reconstruction, doit reconstruire son agriculture sur un sol dégradé par les défoliants, les bombardements, etc...

Elle a voué sa vie aux enfants, aux Vietnamiens, comme aux autres... Ceux qui sont nés de père américain durant l'occupation. " Ces petits Amérasiens, ce sont aussi des enfants du Vietnam. Séquelles de l'occupation américaine, ces enfants blancs, jaunes ou noirs, même acceptés par ceux qui les entourent se sentiront toujours seuls car différents des autres. Drame éternel des enfants métis qui nulle part ne se sentent à part entière ".

Appuyé depuis 1979 par la CIDSE (Coopération internationale pour le développement et la solidarité) qui regroupe 14 organisations de 11 pays, dont le CCFD, ce projet comporte au-delà du centre de recherche pédiatrique un programmme d'alimentation sur le terrain pour tout le Vietnam. Et donc pour tous les enfants.

Le Dr. Hoa qui a par ailleurs adopté une petite fille avec laquelle elle est venue en France en 1987, a toujours un mot amical, un geste d'amitié, vis-à-vis des autres " La santé ce n'est pas uniquement dans le corps, mais dans le cœur qu'on la porte ".

Dans le livre " Une guerre larvée " elle explique comment elle voit la santé des enfants : " Et ces regards, tous ces regards qui nous jugent et nous accusent dans leurs lits d'hôpitaux. Ces yeux grands ouverts à la souffrance qui nous appellent à l'aide. Ces enfants décharnés et squelettiques qui sont les malnutris.

Les enfants qui se meurent faute de médicaments. Ils nous obligent à lutter sans arrêt contre l'indifférence et contre l'hypocrisie, contre la mystification et contre le mensonge, contre l'incompétence et contre l'inefficacité. Mais surtout contre la lassitude, le fatalisme et la résignation. Il faut avoir vécu l'agonie d'un enfant pour avoir le courage de dénoncer et de refuser la lâcheté du silence ".

Et elle ajoute : " J'aime cet enfant. Ce n'est pas qu'il soit beau. Mais je l'aime pour ses yeux pétillants, son sourire lumineux et la force tranquille qu'il dégage. Pour moi, c'est l'enfant vietnamien, tel que je le voudrais : bien portant, heureux et sûr de lui. Je l'aime car il projette autour de lui une aura de foi et de confiance. A travers lui, je crois à l'avenir du Vietnam ".

## SAVAR : LA SANTE DEPEND DES FEMMES

Savar : sur la bord de la route, à une heure et quart de bus de Dhaka le Gonoshasthaya Kendra du docteur Zafarullah Chowdhury. A la porte deux rickshaws (1) attendent : c'est vendredi, jour férié. Pourtant, une jeune femme, habillée de blanc, nous accueille au poste de garde, un bon d'entrée à la main. La façade s'allonge, imposant hôpital, et derrière, tout un monde... Un monde qui traduit une vue originale de la santé, une santé construite sur la... libération de la femme, agent premier de tout développement !

Car le principe mis en œuvre ici, c'est que la vraie santé est d'abord une question de développement, et que le véritable développement commence par la libération de la femme. Ce qui n'est pas, en terre musulmane, du goût de tout le monde, et surtout pas des fondamentalistes ! Ici, à Savar, les femmes font tout ce que font les hommes, en tout domaine; elles sont d'ailleurs, ici, plus nombreuses que les hommes, puisque les hommes, au dehors, sont ceux qui font...

Le fondateur du Centre de santé populaire de Savar est précis : " Ce que je veux comme aide, c'est une aide utile aux gens, une aide qui leur permette de se mettre debout sur leurs pieds ". A eux de se débrouiller ensuite pour marcher...

C'est ce qu'il a voulu avec le " Narikendra ", le centre pour les femmes. Ce programme a débuté voici neuf ans. Il en explique la genèse : " le problème alimentaire est à la fois une question de revenu, de savoir-faire et de politique. Or les femmes représentent 50 % des producteurs de biens alimentaires dans ce pays. Avec les enfants, cela fait 70 %. C'est par là qu'il fallait commencer. D'autant qu'en pays musulman, la femme reste à la maison, par tradition. " Quand un enfant est malade, la femme attend à la maison en pleurant que l'homme rentre. Il fallait l'aider à comprendre qu'il lui faut elle-même sortir de chez elle pour conduire l'enfant à l'hôpital. Ceci est donc un problème d'éducation... "

Ce sont les femmes, des femmes de paysans sans terre, qu'il accueille dans son Narikendra. Elles viennent ici pour plusieurs mois, six en moyenne. La plupart, quatre sur cinq ne savent ni lire ni écrire, à peine compter. Un enseignement de base leur est donc donné, ainsi que les rudiments de l'hygiène domestique et la technique des premiers soins.

Amena est l'une de ces femmes formées au Narikendra. La confiance en elle retrouvée, elle est rentrée dans son village et, là, à son tour, elle a servi de monitrice à d'autres villageoises. Ensemble, elles ont fondé une coopérative de vannerie (matière première : le bambou), de petit outillage et d'artisanat du jute.

Elles ont connu quelques difficultés, jusqu'au jour où, injuriée, Amena

(1) les rickshaws sont des " vélos-taxis " à trois roues et un moteur ... humain.

gifla en public un policier. Aussitôt ses amies organisèrent une manifestation de soutien et obligèrent le policier à faire des excuses...

Les femmes, mais les enfants aussi... Pour l'équipe du docteur Chowdhury, l'urgence c'est l'avenir et, pour mieux assurer ces lendemains, il faut donner aux enfants l'éducation qui convient, c'est-à-dire une éducation qui, outre la lecture, l'écriture et le calcul, donne aussi le savoir-faire suffisant pour travailler la terre, vivre en groupe, s'occuper de sa santé et de son hygiène. A l'école primaire du Gonoshasthaya Kendra, huit institutrices ont en charge cinq cents élèves de 4 à 13 ans, la plupart des enfants de paysans sans terre des environs de Savar.

Retour au Centre : " il s'agira de construire une nouvelle école de médecine ". Le docteur Chowdhury s'explique. Il a, on le sait sans doute, déjà formé plusieurs dizaines de " para-médics ", des infirmiers et infirmières (60 % de femmes). Ces para-médics, dont le salaire va de 800 à 3 000 takas par mois (160-600 F), travaillent dans les villages à former les villageois aux soins de santé élémentaires.

A Savar, l'aventure continue, l'aventure d'un développement qui soit d'abord celui des êtres humains, des hommes et des femmes du pays du Bengale...

***(Extrait du cahier " Santé ", publié par le CCFD en 1987, article de Paul Bosse-Platière).***

**EUROPE**

## DOMINIQUE : AU SEIN OU AU BIBERON

La Campagne N comme Nestlé menée pendant une dizaine d'années contre la firme multi-nationale suisse qui essaie de décourager l'allaitement maternel dans le tiers monde, alors que les conditions d'hygiène autour de l'utilisation du biberon n'assurent pas la bonne santé des nourrissons. Nous savons tous et toutes que l'allaitement maternel est plus qu'affectif. Il a des vertus thérapeutiques notamment d'immuniser l'enfant, les premières semaines de sa vie, contre les risques de contagion concernant diverses maladies.

Dans les pays occidentaux, après avoir boudé l'allaitement maternel, nous assistons à un regain semblant l'encourager. Par contre, au nom de la libération des femmes, cette pratique est combattue et jugée " rétrograde ".

" J'ai toujours été féministe, dit une collègue. Je suis pour une maternité désirée, pour la contraception, avant tout et pour l'IVG si tout a échoué, par contre, je défends l'allaitement maternel sans que cela ne constitue pour moi une entrave à ma liberté ". Mes activités professionnelles ne m'ont pas fait abandonner cette théorie que j'ai mise en pratique à la naissance de mes deux enfants. J'ai pris un congé spécial pour les allaiter tous les deux. Je ne me suis pas sentie diminuée.

Au jour d'aujourd'hui, je n'ai pas la poitrine abimée. L'allaitement maternel a vraiment démarré les deux enfants, dont l'un était prématuré et l'autre un peu fluet. Ayant du lait en trop, j'ai même alimenté la clinique où des prématurés avaient besoin de ce précieux liquide dont la nature m'a généreusement dotée.

J'ai même éprouvé un sentiment " écologique " de pouvoir bénéficier de ce don de la nature alors que des mères malheureusement n'ont rien à offrir à leur bébé ".

## CLAUDINE : LA LUTTE CONTRE LA DROGUE

J'habite un village de 2 500 habitants où sont cultivés beaucoup de fruits : pommes, cerises, pêches, prunes, etc. Les agriculteurs ont besoin de main-d'œuvre pour le ramassage de ces fruits, notamment au mois de juillet au mois d'août, ce qui amène dans notre localité pendant cette période beaucoup de jeunes venus de quatre coins de France. Surtout des jeunes qui n'ont pas de profession bien établie et qui vivent de ce travail saisonnier pendant 6 mois de l'année. Après les fruits il y a les vendanges dans d'autres régions, etc.

Au mois de juillet 1982 nous avons fait venir le fils d'un ami qui cherchait du travail. Il a été embauché dans une coopérative et, pour garder sa liberté, et ne pas nous déranger, il campait au terrain municipal. Il a donc côtoyé ces jeunes, certains un peu marginaux. Un soir, il est venu passer un moment à la maison et il nous a avoué que beaucoup se droguaient et qu'ils venaient dans notre village parce qu'ici on ne leur demandait rien. Ils étaient tranquilles, ailleurs on les chassait.

Cette discussion me saisit, et le lendemain j'étais décidée à agir en tant que mère de famille, ayant deux filles âgées de 13 et 16 ans. Je voulais me rendre à à la gendarmerie. J'en ai parlé à mon mari qui me conseilla de faire cette démarche en tant que Présidente de l'Association que je représente dans mon village. Avec une autre déléguée, nous fûmes reçues par le chef de brigade qui nous révéla qu'effectivement il y avait de la drogue, et même pendant la période scolaire elle circulait dans le car de ramassage.

Nous lui avons dit qu'il pouvait compter sur nous, et que nous étions décidées à les aider (les gendarmes rencontrent quelques difficultés pour mener à bien leur enquête). Que devons-nous faire pour préserver nos enfants de ce fléau ? Nous qui étions si tranquilles dans notre village ! On ne peut pas leur interdire l'accès au lac et au terrain de camping. D'autant plus que tous les jeunes se retrouvent au coin baignade.

" Faites une campagne d'information et de prévention " fut le conseil du chef de gendarmerie. Ce que nous fîmes. Au mois de septembre 1982 nous avons fait distribuer par la poste mille circulaires : " La drogue va-t-elle envahir notre canton ? traitant diverses questions : — pourquoi les jeunes se droguent-ils ? — Quel peut être le rôle des adultes ? — Il faut informer les jeunes ? — Quelle aide peut-on apporter aux toxicomanes ? — Recommandations particulières.

J'ai envoyé un exemplaire de cette lettre aux présidents des autres Comités de notre département. Certains de ces Comités ont fait la même campagne que nous et, ont distribué ces circulaires dans les collèges.

Par la suite, à la demande de quelques personnes, notamment des mamans qui se sont inquiétées, et qui voulaient en savoir plus, notre Comité a organisé une réunion animée par une psychologue de l'Association " Oc Drogue ". Une trentaine de personnes étaient présentes; c'est peu. Mais l'important a été la richesse du débat, le réconfort et les réponses qu'ont trouvées les intéressés.

Aujourd'hui, je me rends compte que mon action n'a pas l'air d'avoir changé grand-chose sur le plan pratique. Mais j'espère que sur le millier de lettres distribuées j'ai fait prendre conscience à un bon nombre de familles que la lutte contre la drogue engage la responsabilité de tous les adultes.

## COLETTE : HABITER SON CORPS

Je me présente : Colette N..., sans titre particulier. C'est à dire que je ne fais pas partie du monde médical, et je ne suis pas engagée dans des actions qui ont un rapport avec la santé. Alors, pourquoi intervenir ? Parce que je pense que la santé n'est pas importante seulement quand on ne l'a plus, ou qu'elle nous pose problème, mais que nous avons à y réfléchir et qu'elle est liée à l'épanouissement des personnes.

Lors d'une rencontre " La santé, nous sommes toutes concernées " qui a eu lieu dans l'Essonne, deux phrases étaient affichées : une phrase de Mireille Nègre, qui est danseuse et carmélite. Elle a quitté son couvent pour des raisons de santé, et elle danse à nouveau. Elle dit : " danser c'est ma manière divine d'aimer "; et puis une phrase de l'OMS (Organisation Mondiale de la Santé) : " la santé est un complet bien-être physique, mental et social ". J'ai retrouvé à travers ses phrases mon expérience de la santé.

Mon expérience est double. D'abord une expérience personnelle. J'ai connu la dépression il y a un certain nombre d'années, et je me suis rendue compte que la santé est tout, car lorsque dans la tête quelque chose ne va pas il y a des troubles physiques qui se développent, ainsi qu'un barrière entre soi et les autres.

Pour moi, la guérison a pu se faire grâce aux autres, en prenant des engagements, parce que les autres m'ont écoutée et que je les ai écoutés. Et puis surtout, dans ma famille proche, quelqu'un a été encore plus gravement atteint que moi, c'était plus que de la dépression puisque les médecins pensaient qu'il n'y avait pas de guérison possible.

Il était tellement mal avec les autres qu'il avait une impossibilité totale de communiquer. Cela se traduisait par une tension dans la tête, un mal qu'il n'a jamais pu définir et qui l'obligeait à s'isoler. D'ailleurs, il a rompu pratiquement avec sa famille, et il avait une inaptitude sociale complète; pas question de lire, ni de travailler, le moindre effort de concentration, même sur un travail manuel, la moindre conversation déclenchaient ces maux inexplicables.

Aujourd'hui, il est en train de renouer avec nous, il se guérit, mais cela lui a pris des années. A travers ce que je sais de son histoire, j'ai compris que ce qui lui a permis de s'en sortir c'est, en dehors de la psychanalyse, de se réconcilier avec son corps. Il a été élevé à une époque où il fallait faire fi de son corps. Lui qui n'était pas bon en sport (et il en souffrait) a fait toutes sortes de choses : arts martiaux, yoga, travail de la voix. Il a appris à habiter son corps, à être en harmonie avec lui, à le considérer comme un ami, comme quelque chose de beau, et non comme quelque chose d'inutile et d'encombrant, ou même de malsain.

D'autre part, c'est de prendre des engagements dans des mouvements comme le MRAP (1), et puis de retrouver une spiritualité qu'il avait perdue parce que celle qu'on lui proposait était désincarnée, et que ça l'avait fait souffrir. Et c'est là que je retrouve Mireille Nègre. Pour elle, on sent que l'amour est le plein épanouissement, et que le corps est un moyen de cet épanouissement.

En fait, c'est ce qui nous est proposé : s'épanouir dans un corps en bonne santé. Sans aller jusqu'à une harmonie aussi complète que celle de Mireille Nègre, il est nécessaire d'être bien dans son corps, sinon on se sent gêné vis à vis des autres. Il faut accepter son corps pour pouvoir se tourner vers les autres et leur présenter.

C'est vrai qu'après avoir été si méprisé le corps retrouve une place importante. Redonner sa place au corps, c'est positif; pourtant, quand on voit tous les efforts de la publicité pour nous proposer des moyens plus ou moins artificiels pour conserver son corps jeune, beau, attirant, quand on voit tous les efforts que font les gens pour rester en forme, la crainte, je dirais même la panique, qu'ont beaucoup de voir leur corps vieillir, on a l'impression que leur corps est leur capital-vie, et que, avoir un corps jeune, beau, en bon état, c'est une fin en soi. Leur corps n'est plus un moyen d'être en harmonie avec les autres, un moyen de rencontre. C'est juste un moyen de se rassurer, de se plaire.

(1) Mouvement contre le racisme et pour l'amitié entre les peuples.

Tous ces éléments me ramènent à la phrase de l'OMS : " la santé est un complet bien-être physique, mental et social ". Cette phrase me permet d'aller plus loin. Elle évoque le bien être social. C'est vrai qu'être bien dans sa peau nous permet d'être bien dans la société, mais en retour la société peut ou non, nous permettre d'être bien dans notre peau.

Je ne peux m'empêcher de penser aux enfants qui avant 12 ans sont au travail 12 heures par jour, et vivent dans leurs usines, aux familles entières qui travaillent et vivent sur les tas d'ordures, et plus proches de nous, à tous ceux qui ont tellement de problèmes matériels (manque d'argent, absence de travail, ou problème dans le travail) qu'ils ne peuvent pas s'épanouir, et, parfois, il y a des drames dans les familles.

Alors, les conditions de la bonne santé c'est (elles ne sont pas limitatives, ce ne sont que des éléments) : — avoir la possibilité de se soigner pour le bien-être physique, — avoir la possibilité d'accéder à des équipements sportifs pour entretenir son corps, — avoir des endroits ou échanger sur la santé. Dans certains quartiers, il y a des lieux où les gens se rencontrent et parlent de leurs problèmes de santé entre eux, et avec du personnel médical. On parle de prévention, par exemple, la façon de se nourrir, et bien d'autres choses...

## MARIE-JO : L'AFFECTION, UN BESOIN VITAL ?

Et bien oui, je suis... ou plutôt j'ai été amoureuse d'une femme, dans mon esprit et dans mon corps. On en parle, on en parle, sans trop savoir, et on trouve cela nuisible. Je vais essayer de me situer au mieux car j'ai quelque chose à dire à vous toutes qui avez peur de l'homosexualité, qu'il s'agisse d'homme ou de femme.

J'avais 21 ans : fille de famille bourgeoise bien " conservée " bien à l'aise. Et puis un jour, riche d'un diplôme de monitrice spécialisée, je suis arrivée dans une maison d'enfants. Ambiance lourde et pénible, tout le monde se tirant dans les pattes; et c'est dans cette ambiance que j'ai fait la connaissance d'une employée de la maison : une fille célibataire, plus âgée que moi, refoulant sous une apparence froide, un trop-plein d'affection...

Et l'histoire a commencé. Une simple amitié, une fille qui se laisse entraîner, pourquoi ? comment ? Je ne sais pas, mais pendant cinq ans nous n'avons vécu que l'une pour l'autre; toutes les ruses étaient valables pour vivre ensemble.

Je me laissais entraîner. Je ne faisais jamais le premier pas mais je ne disais pas non. Parfois je souffrais, j'avais des remords, mais la glissade était trop abrupte. Je suis partie en vacances mais j'ai toujours été relancée, et parfois malgré moi. Dire que je sentais qu'il y avait mal dans ce que je faisais... non, vraiment pas. Je me sentais accaparée. Un envoûtement qui vous prend corps et âme, surtout quand le partenaire est plus fort, plus convaincant que vous.

Je suis catholique pratiquante et vivre cette vie me faisait parfois réfléchir; mais plus fort que tout, j'avais besoin de " cette autre ". Au bout de 5 ans j'ai été mutée dans une autre maison et j'ai voulu profiter de cette occasion pour sortir de cet esclavage, car parfois je secouais la tête en disant : " mais tout ça n'est qu'un mauvais rêve ". Cela a été très dur; je ne savais plus vivre seule. J'ai coupé les ponts malgré pleurs et larmes. J'ai souffert, j'ai fait souffrir... tant pis, je voulais vivre comme tout le monde et cela seul comptait.

J'ai 31 ans. Je suis maintenant mariée, mère d'une famille heureuse. Ce qui je voudrais dire à toutes celles qui liront ces lignes : isolement, solitude, sont des causes de mauvaise pente dans la vie. Je voudrais dire aussi : personne n'a le droit d'avoir peur de l'homosexualité. Avoir peur c'est reculer. Ce n'est pas se prendre en charge. Et puis on peut s'en sortir. Il faut ouvrir l'œil... et le bon, avoir aussi de la patience. Nous sommes tous à la recherche d'affection, d'amour, de compréhension. Chacun autour de nous a-t-il son compte ?

## SABRINA : EN PARLER POUR GUERIR

Le 31 juillet 1953, j'avais 9 ans, et je gardais les vaches (je suis fille de paysans dans la montagne), un homme marié, père de famille, et bien français, m'a fait subir des violences sexuelles. J'étais très innocente de tout cela puisqu'on ne m'avait jamais parlé de toutes les questions se rapportant au sexe, et même à la naissance. C'est d'ailleurs comme cela, et en faisant le rapprochement avec les animaux, que j'ai appris (drôle de façon d'apprendre) le don de soi, l'amour partagé avec un homme.

Je suis rentrée à la maison en pleurs. Maman me demandant ce qui m'arrivait, et ne pouvant répondre, elle me dit : " Les vaches se sont battues ? " J'ai fait un signe négatif de la tête et j'ai ajouté, dans un sanglot : " un homme ". Papa a pris son fusil en disant qu'il allait le tuer (ce qu'il n'a pas fait heureusement), puis voulait le déclarer à la police. Ma grand'mère s'est opposée à cela. Maman m'a fait uriner et m'a demandé si le monsieur avait quitté son pantalon, c'est tout. Je n'ai pas eu le droit d'en dire plus, et cela jusqu'à ce que je rencontre mon futur mari. Papa huit jours plus tard, rencontrait ce monsieur et lui serrait la main, comme si rien ne s'était passé; j'ai eu très mal à ce moment là.

J'ai été très culpabilisée, car, à cet âge, je me donnais du plaisir avec mon sexe, et j'ai cru que le Bon Dieu me punissait à cause de mes attouchements.

J'avais un profond dégoût pour les hommes, car, en plus, mon frère avait eu à plusieurs reprises des gestes envers moi " pas très catholiques ", et, m'en plaignant à maman, elle m'a répondu : " Tous les hommes sont comme cela ". Quelle opinion avait-elle des hommes, ma pauvre maman, que s'était-il passé pour elle ? Je ne le saurais jamais puisque je n'ai jamais osé lui en reparler (elle est décédée maintenant).

Je voulais en parler avec un psycologue : mon mari n'a pas voulu. Ce qui était enfoui au fond de mon cœur est ressorti le jour de mon mariage. Je n'avais jamais eu de relations sexuelles et ce fut une catastrophe, je ne pouvais pas avoir des rapports complets, car il y avait, au dernier moment, cet homme et sa montre surtout qui s'interposait entre nous deux. Nous avons vécu cinq ans comme cela. Je voulais en parler avec un psychologue, mon mari n'a jamais voulu, et puis je suis tombée malade : hémorragie, etc. et j'ai consulté un gynécologue avec lequel j'ai pu en parler librement, et cela m'a enfin débloquée.

Nous avons pu avoir des enfants, et de vraies relations mon mari et moi. Que de chemin parcouru ! Mais, hélas, cette joie a duré quelques années. Le problème est revenu parce que nous avions des problèmes de couple, mon mari ne voulant plus avoir de rapports. Lui demandant un jour pourquoi il m'a répondu ceci : " Inconsciemment je te fais payer ce que tu m'as fait endurer au début de notre mariage ". Alors, je me suis défendue, et lui dit que j'avais, moi aussi, une cicatrice qui n'était pas complètement fermée, mais en fin de compte je n'ai pu renouer vraiment le dialogue à cause de cela.

Je voudrais dire, surtout aux mères de famille : si cela arrive à vos enfants : la chose la plus importante c'est qu'ils doivent en parler le plus possible, pour qu'ils puissent guérir un peu. Car on ne guérit pas facilement de cette blessure-là, malgré l'avis d'un gynécologue qui disait : " Il vaut mieux avoir subi un viol que d'avoir un bras en moins ". Il me semble que j'aurais préféré avoir ce membre en moins, je crois que j'aurais pu mieux vivre sans bras qu'avec cette blessure au fond de mon cœur.

## MICHELINE : LA SANTE UN DROIT POUR TOUS

" Je me suis engagée au sein d'une association gérant un centre de soins infirmiers à Tours, en France. L'origine de l'association est venue du souci de religieuses infirmières qui assuraient les soins sur le secteur, et qui ont souhaité qu'une association d'usagers prenne la relève pour gérer le centre et prendre part à une politique de santé.

Nous avons voulu créer un centre au service de tous et promouvoir une action éducative et de prévention sanitaire, car la santé est un droit pour tous.

Notre action dans l'association est encore bien modeste, il nous faut oser faire plus, mais il me semble que déjà nous faisons bouger quelque chose sur notre ville quand des usagers acceptent de s'engager pour gérer avec des infirmières, dans une démarche communautaire, un centre de soins; quand des gestionnaires suscitent des moyens pour informer, afin que les gens découvrent que la santé c'est leur affaire, que prendre soin de son alimentation, de son hygiène, c'est déjà lutter contre les causes de certaines maladies.

Je pense que déjà s'est amorcée une prise de conscience que la santé c'est un droit pour tous, et qu'il dépend de nous que ce droit soit reconnu.

Je pense aussi, en référence à ma foi en Jésus-Christ, qu'aider tout homme à prendre en main sa santé, donc ses possibilités de vie, c'est l'aider à être un homme " debout ", c'est participer au projet de Dieu qui veut pour nous la vie en plénitude. Il dépend de nous que ce droit soit reconnu ".

## CLAIRE HANDICAPEE MENTALE : UNE CARAVELLE DANS LE VENT

Je suis contente d'être Caravelle [1]. J'aime retrouver les autres pour faire des choses avec elles : on a fait la découverte du village, j'ai été à la laiterie et nous avons aidé. Nous avons fabriqué des cadeaux : des miroirs décorés.

J'aime beaucoup le camp. C'est bien, on rencontre de nouveaux amis.

A la Caravelle on peut partager avec les autres, aider celles qui arrivent. On devient responsable.

(1) nom donné aux jeunes filles de 14-16 ans chez les Guides de France.

CHAPITRE — VI

# LIEUX DE VIE : MEME SANS MURS, ELLES INVENTENT LA MAISON

SOMALIE : *Réfugiés éthiopiens, camp de Bixin*
*L'armature de branches sera recouverte de sacs, cartons ou toiles de bâches.*

*L'année des " sans abri " vient à point nommé nous rappeler qu'il existe un milliard d'êtres humains qui vivent dans des conditions précaires. 150 millions vivent dans la rue. Dans la mesure où les femmes sont plus nombreuses, sur ces deux chiffres, il est logique de déduire qu'au minimum 500 millions de femmes vivent difficilement et que 75 millions au moins sont contraintes " d'habiter sur la chaussée ". Bien entendu, quand nous disons femmes, nous pensons aussi aux petites filles qui, vivant ces réalités, éprouveront des difficultés innombrables pour avoir des toits pour exister.*

*Qui dit bidonvilles généralement dit absence d'hygiène, d'école, de travail, et souvent de libertés fondamentales. Encore faut-il souligner que les bidonvilles sont souvent des lieux de créativité, d'organisation et donc de solutions.*

*Les guerres, les dictatures chassent les populations de leur pays. Des camps s'enracinent dans des frontières comme en Thaïlande, au Cambodge, au Pakistan où la vie des femmes va être bouleversée par d'autres habitudes, par d'autres traditions.*

*Ainsi en Afghanistan, on en compte 2,5 millions vivant à Peschauvar, vaste concentration de réfugiés chassés par les troupes soviétiques.*

*En Afrique ce sont les famines qui chassent les nomades comme en Somalie obligés de se sédentariser. La guerre en Erythrée ou au Tigré poussent les populations à la fuite. Le Continent noir est devenu celui où il y a le plus de réfugiés, 4 millions au total. Tout autour de l'Afrique du Sud, les pays frontaliers comme le Mozambique, l'Angola, le Lesotho, le Malawi vivent des situations dramatiques à cause de la guerre. Les camps sont des lieux d'incursions armées, de massacres.*

*En Amérique centrale là encore la guerre, l'instabilité condamne les familles à des perpétuelles remises en cause de leurs lieux d'existence. Salvador, Costa Ricca, Honduras vivent avec des camps permanents.*

*La Palestine non reconnue n'est qu'un immense camp à plusieurs compartiments où les populations vont et viennent au gré des Etats qui n'arrêtent pas de les chasser chacun à leur tour.*

*Quels lieux d'existence pour ces peuples de femmes. Quel avenir et quelle espérance pour les enfants qu'elles portent. Car bien entendu ces migrations, bien au contraire, ne stoppent pas la natalité.*

*Des lieux pour exister, c'est aussi le dilemme des millions de paysans sans terre, et surtout de paysannes qui n'ont que rarement le droit comme femmes à des titres de propriété, pour exploiter une terre pour vivre avec leur famille.*

*Des lieux pour exister, c'est aussi des endroits pour se former, pour s'informer, pour se retrouver. Et il est des pays où l'on se trouve être suspectées quand on se retrouve entre femmes. La liberté de s'organiser étant interdite.*

**DES REFUGIES PAR MILLIERS**

En 10 ans, la population réfugiée dans le monde a été en constante augmentation. Elle est un révélateur des désordres politiques et économiques mondiaux. Elle est un produit de la distance croissante entre les pays riches et les pays pauvres. En Europe, on oublie facilement que le fardeau des déplacements de population est porté principalement par le tiers-monde.

82 % des régugiés viennent et émigrent dans ces pays du tiers-monde. Seulement 10 % dans les pays riches. Ce sont les femmes et les enfants qui constituent la majeure partie des réfugiés. Pourtant dans les camps de réfugiés, sur 10 programmes de formation, 8 sont à destination des hommes, les 2 autres à destination des femmes les forment à la couture ou à la dactylo.

Cependant l'exil peut être une chance pour les hommes et les femmes obligés de partir de leur pays. Les migrants ont pour objectif de rentrer dans leur pays avec un acquis, leur émigration quand elle provoque une formation devient une aide au développement lorsqu'ils reviennent chez eux.

## AFRIQUE

## DAISY : CONDAMNEE AU GHETTO

Condamnée à vivre dans un ghetto. C'est le lot des femmes sud-africaines qui, au pays de l'apartheid, pendant longtemps n'étaient pas autorisées à aller dans les zones blanches. En effet, l'accès à ces zones était permis aux hommes qui y travaillaient. Ou aux femmes qui s'employaient comme domestiques chez les Blancs.

Daisy a connu cela dans son enfance. " Je vivais avec ma famille dans la banlieue de Soweto. A part le Pasteur, aucun Blanc ne venait dans notre quartier. Mon père me racontait quand il rentrait quelque fois par an de son usine, ce qu'il avait vu. Il travaillait trop loin pour revenir le soir et même la semaine. Nous restions des longs mois sans nouvelle bien qu'il s'arrange toujours pour faire parvenir de l'argent à notre famille qui comptait 5 enfants. Moi aussi j'ai décidé de sortir du ghetto.

Non pas pour travailler et gagner ma vie, mais pour conquérir une identité à part entière. A l'église j'ai cru comprendre que nous étions tous égaux. Blancs ou Noirs ou Métis, mon pays l'Afrique du Sud n'appartient pas plus aux uns qu'aux autres. Je me suis donc engagée avec d'autres dans une association qui revendique les mêmes droits.

Je l'ai fait au nom de ma foi. Cela n'a pas été facile car j'avais peur. Je savais que certains avaient déjà été emprisonnés, torturés pour avoir fait la même chose. Mais un jour il faut que quelqu'un fasse plus pour que les générations futures n'héritent pas de cette situation. Si j'ai des enfants je veux qu'ils soient libres d'aller où ils le souhaitent, de se marier avec qui ils veulent de ne pas être regardés comme des suspects.

Peut-être vais-je aussi tomber comme les autres. Mais je suis sûre que d'autres continueront le chemin. Plus tôt ou plus tard, notre pays changera même si les souffrances que nous avons endurées sont lourdes. Je vois l'avenir dans une société multi-raciale et cela me donne la force de continuer ".

## AMERIQUES

## LILI : UNE MAISON POUR LES FEMMES

Lili est Equatorienne. Elle a fait des études de sociologie et pourtant elle a choisi d'être auprès des plus démunies. Avec les femmes de la ville à Quito où elle vit mais aussi dans le cadre de la maison de la femme dont elle est une des responsables largement ouverte aux femmes rurales.

" La maison de la femme que nous avons ouverte, sert aussi bien à accueillir nos compagnes qui viennent à la capitale, où elles trouvent un endroit pour les dépanner, que pour des cours de formation.

Ceux-ci sont conçus pour l'alphabétisation mais également pour mieux comprendre la société dans laquelle nous vivons. Rien n'est laissé de côté. La protection infantile par exemple, notre association la CEPAM, ayant mené la campagne contre Nestlé et pour l'allaitement maternel. Il y a aussi des cours organisés d'initiation professionnelle afin que les femmes puissent prétendre à une profession. D'autres, comme des cours de peinture sur tissu, permettent de rassembler des femmes des milieux populaires. En peignant, elles décrivent leurs vies, leurs problèmes. Nous, à leur écoute, nous voyons alors quoi faire pour les aider à mieux cheminer.

Des veillées culturelles sont organisées également car l'on sait bien que les femmes n'ont pas beaucoup de loisirs.

Cette maison c'est l'endroit où l'on se réchauffe, où l'on essaie de comprendre les problèmes de l'autre, de trouver une solution immédiate ou à plus long terme ''. L'existence de cette maison a été sentie par certains comme une provocation. Pourtant malgré les difficultés financières pour la maintenir ouverte sur la vie, la maison de la femme de Quito est de plus en plus recherchée par celles qui jugent qu'elle est un lieu de paix, un lieu d'accueil, un lieu d'existence où il fait bon s'arrêter. Un jardin d'enfants est prévu par les femmes qui travaillent. Quant à celles qui viennent de leurs communautés villageoises, il y a un dortoir et des repas. La décentralisation est en cours et Quayaquil au Sud — le plus grand port de l'Equateur — est en lien avec la CEPAM. Des sessions de formation sont réalisées sur des thèmes variés. Ainsi pour les élections de 1988, deux jours d'information ont été mis sur pied pour présenter celles-ci aux femmes afin qu'elles puissent participer au scrutin, au lieu de laisser voter le mari à leur place.

## CLAUDIA : VIVRE AU BORD DES ROUTES

Claudia a déjà 40 ans. Menue comme une petite fille, elle a deux enfants. `` Ils sont déjà grands dans notre continent nous avons très tôt des enfants. Je n'ai que ces deux-là, et je suis une exception car les familles sont nombreuses ''. Sa vie, Claudia la passe en déplacement entre le Nicaragua où elle réside avec ses deux enfants et son pays le Salvador. Elle est en fait une réfugiée, contrainte à s'exiler à cause de la guerre civile.

Ce conflit il pèse encore davantage sur les femmes. Leurs fils sont tués, leurs maris sont au front ou dans la guérilla, leurs frères de même et il y en a dans les différents camps. Au Salvador il y a également des femmes qui luttent notamment dans la guérilla. Moi, j'ai préféré m'engager pour secourir mes compagnes. Mais ma situation est très vite devenue difficile et pour ne pas être arrêtée par les soldats gouvernementaux, j'ai demandé l'asile au Nicaragua ''. Je reviens poursuit Claudia dans mon pays de temps en temps.

Après le tremblement de terre d'octobre 1986, qui a encore accru les sacrifices imposés à ce pays par la guerre, que deviendra Claudia face à ces nouvelles actions qui montrent que ce peuple est toujours chassé des lieux qu'il a choisi pour vivre.

La spéculation immobilière s'est abattue sur les quartiers détruits où les promoteurs ont envie de construire des immeubles hors de portée des bourses des plus démunis. Dans ce cas les femmes qui s'occupent des familles et des maisons vont camper au bord des routes, dans des abris de fortune où la vie est précaire. Il leur revient de créer des lieux de vie provisoire. Mais celui-ci dure parfois longtemps.

## ASIE

### PARWIN : C'EST LE NOM D'UNE ETOILE

Raima est Afghane. Elle vit aujourd'hui dans l'un des 370 " villages de réfugiés " qui se bousculent le long de la frontière, sur le territoire du Pakistant. Son village s'appelait Konorha. Elle l'a quitté voici deux ans. Sous les bombes. Les maisons brûlaient et les morts s'ajoutaient aux morts. Un enfer.

Raima tient Parwin, sa fillette, par la main. Elle était encore toute petite lorsque la guerre les a contraintes de s'enfuir. Elle la portait encore dans les bras quand ses vêtements ont pris feu. Et Raima montre la jambe de Parwin rouge et atrophiée.

Raima est l'une des quelque deux millions de réfugiés de l'Afganistan au Pakistan — il y en a 500 000 au moins en Iran — qui font aujourd'hui de ce pays d'Asie la terre d'asile la plus importante du monde. Depuis l'agression soviétique, il y a tout juste 5 années, un Afghan sur cinq a quitté son pays. Pour garder simplement le droit de vivre.

Raima a d'abord vécu sous la tente. Dans la poussière, la chaleur et le froid. Avec les rations du Haut commissariat aux réfugiés pour survivre. Aujourd'hui, elle habite une minuscule maisonnette de katcha, de la boue séchée. Elle parle doucement. De son pays, de la guerre, de son village perdu, de l'espoir qui habite son cœur malgré tout.

" Le jour où mon mari est revenu avec la tente, le blé, le lard, les couvertures, je me suis sentie revivre. J'ai vu, pour la première fois, briller une lueur d'espoir à l'horizon comme la première étoile qui s'allume le soir ".

En regardant Parwin qui patauge dans la boue croupissante du camp, elle ajoute esquissant un sourire : " Vous savez, Parwin, c'est le nom d'une étoile... ". En fait cette étoile ressemble à une étoile filante. Faire un vœu pour que les troupes soviétiques quittent cette terre de vallées où les populations vivaient en liberté doit être le plus grand souhait de Parwin.

### LEILA : VIVRE AVEC LA GUERRE

Elle est née à Beyrouth voilà plus de vingt ans. Toute petite Leila, celle qui ne peut pas dire son nom a entendu le bruit des bombes. Puis ensuite les bombardements incessants qui s'abattent sur les quartiers, ravageant une ville active et florissante. " Au début quand j'allais à l'école la peur me prenait et il fallait m'accompagner. Peu à peu je me suis habituée et j'ai compris quand il fallait courir. Où il fallait se cacher. J'ai appris à vivre avec la guerre. J'ai aussi commencé à savoir qu'il existait plusieurs clans dans mon pays et que les amis de mes amis étaient là pour me protéger. Par contre, que les amis de mes ennemis étaient sans doute prêts à me tuer ". Cela pourrait paraître cynique et pourtant c'est une réalité de la vie des communautés libanaises, empêtrées dans une guerre civile qui n'en finit pas et surtout où chaque puissance internationale veut mettre son grain de sel. Ce qui retarde une solution qui fasse enfin retrouver le calme et la sérénité.

" Vivre avec la guerre dit cette jeune fille, mais vivre avec la paix c'est encore mieux ". Je n'en veux à personne et je me sens autant responsable que d'autres d'une éventuelle solution. Tout est compliqué et rien ne semble aboutir. Je suis un peu découragée. Cela fait quinze ans que je vis au milieu du danger, des bombardements, des morts, des gens qui deviennent handicapés et surtout de la méfiance permanente entre voisins de communautés différentes.

Avant pourtant le Liban était florissant. Qui y a-t-il qui a changé pour que tout le monde en fasse un échiquier international ? ". Nous, nous sommes des pions dont l'enjeu nous échappe. Je voudrais que les fusils se taisent et enfin avoir une trêve aussi longue que l'époque de la guerre.

## EUROPE

### ANNE-MARIE : MANGER DANS LA CUISINE ?

Membre du conseil municipal et responsable de la " commission logement ", j'ai été invitée à visiter un chantier d'immeubles en construction.

Un des appartements type V comporte une cuisine conçue pour recevoir uniquement des éléments intégrés, faits sur mesure, avec au moins cinq angles, et pas la moindre place pour mettre une table.

A l'architecte responsable des plans, j'ai dit mon étonnement de voir cet appartement conçu pour recevoir 5 à 7 personnes, et dans lequel il est impossible de prendre un repas à la cuisine, ce qui fait un surcroît de travail pour la mère de famille et supprime un lieu d'échanges.

Il me répond qu'il est tenu de respecter les normes et que, dans un nombre de mètres carrés déterminés, il doit se débrouiller s'il veut obtenir les subventions nécessaires à la construction. Puis, il ajoute : " De toute façon, ce n'est pas très important puisqu'il n'y a plus de familles nombreuses ". J'ai demandé à l'architecte s'il avait fait visiter l'appartement à sa femme parce que sa réaction m'intéresserait. Sa femme ne l'avait pas visité.

A deux conseillers municipaux qui visitaient aussi, j'ai demandé s'ils mangeaient dans leur cuisine. Ils m'ont répondu : " Oui, bien sûr ". Ils habitent une villa construite à leur convenance. Avec une autre conseillère municipale que j'avais mise dans la conversation, nous avons demandé à l'architecte à quel niveau ces normes étaient déterminées. Alors, nous nous sommes promis qu'un jour nous essaierons d'agir à la base.

Je constate que les familles ont beaucoup de peine a se faire entendre. Elles n'ont pas de moyens. Elles ne peuvent pas utiliser la grève comme moyen de pression. Pour moi, être logé convenablement est le minimum de qu'une société devrait pouvoir offrir à tout être humain. Lorsqu'on dit : " il n'y a plus de familles nombreuses ", je continue à dire qu'il faut respecter celles qui existent ou celles qui désirent le devenir.

## COLETTE : RENCONTRES AVEC DES CLOCHARDS

Mes amis m'ont donné un autre regard sur la pauvreté. Dans ma rue, tout contre ma maison, il y avait un baraquement : vestige des lendemains de la guerre 14/18. Inoccupé depuis une dizaine d'années, de temps en temps quelques clochards venaient y dormir. Ce qui, à chaque fois provoquait une réaction immédiate de la part des voisins... surtout ceux d'en face mieux placés pour voir. Sous le prétexte de prévenir les inconvénients que pourrait entraîner pour moi ce voisinage indésirable, ils ne manquèrent pas de me suggérer d'alerter la police pour les déloger. Les soirs d'hiver, je n'en avais pas le courage. Sous la pression renouvelée je le fis une fois ou deux, puis je m'enfermai dans l'indifférence...

Une action pour l'expropriation de clochards... Pourtant, un couple s'installa discrètement, et, au bout de quelques mois, les détritus et immondices ont rendu l'environnement invivable. J'entrepris alors de sérieuses démarches auprès de la municipalité. Sans résultat. Motifs : propriété privée (propriétaire décédé), héritiers introuvables ou refusant la succession. Un hiver est passé la-dessus, le froid limitant les émanations je patientais. Le printemps revenu, les rats avaient, eux aussi, élu domicile en ce lieu et se répandirent dans le quartier. Les voisins, plus nombreux encore, vinrent sonner à ma porte :

" Il faut faire quelque chose ". Je repris donc l'affaire en mains. Je fis une lettre, recueillis les signatures des habitants des deux rues concernées, et fis intervenir la presse locale... Cette fois le résultat ne se fit pas attendre : un mois plus tard il n'y avait plus de baraquement, et l'endroit était clos...

Les vagabonds-locataires ", pourtant sans résistance, avaient été expulsés par les forces de police, et rejetés dans la rue, sans plus. L'aventure aurait pu s'arrêter là. Mais la réflexion en équipe sur ce que je vivais m'avait fait cheminer.

Au cours de ces mois j'avais eu mes premiers contacts avec beaucoup de personnes habitant là depuis longtemps, mais tout comme moi, repliées dans notre confort.

Au long des conversations j'avais découvert aussi ces vagabonds du quartier, la femme en particulier... J'étais finalement un peu écœurée du résultat obtenu. Certes, le quartier était “ nettoyé ” et nous pouvions rechausser nos pantoufles...

J'ai alors rejoint une association d'aide aux sans-abri. Mais, tandis que je hurlais avec les loups, une militante de mon équipe, avec son mari, et quelques amis avaient un souci tout autre : ils désiraient créer un foyer pour les clochards au nom de leur foi, et en fidélité à l'Evangile.

Je me suis sentie fortement interpellée par leur démarche, leur regard sur le pauvre; si différent du mien : c'est ce qui m'a motivée pour les rejoindre. L'association, non confessionnelle, créée il y a un an, compte environ 35 bénévoles actifs, et une centaine de sympathisants. A titre un peu expérimental, elle a accueilli pendant les grands froids, et jusqu'au printemps, une vingtaine de sans-abri dans un local prêté par la ville.

J'ai accepté d'en être la trésorière. C'est peu de chose mais cela me permet de faire un bout de chemin avec ceux, croyants ou pas qui se sont mis à l'écoute des plus pauvres, d'entendre diverses expressions de foi, de me faire évangéliser moi-même... de me retrouver avec eux en contact avec les divers services et élus que j'avais bousculés naguère... mais cette fois d'une manière plus désintéressée pour obtenir de l'aide pour le foyer et le faire reconnaître.

Et, finalement, à cause de mon appartenance au Mouvement ACGF et à l'Eglise, être avec les autres croyants engagés dans cette aventure un peu folle, signe de Jésus-Christ dans ce lieu de vie.

## ANDRADA : LE PAYS OU JE VIS

Portugaise j'ai bâti ma vie ici. Cela fait maintenant 10 ans que j'habite la France où je suis arrivée à 23 ans, huit jours après mon mariage avec un camarade d'enfance portugais émigré en France. Je ne l'avais pas revu depuis l'âge de 14 ans, et c'est à l'occasion de sa visite pour les grandes vacances qu'il a demandé ma main. J'arrivais dans un pays dont j'ignorais tout : la langue (mon principal handicap), les coutumes, les cultures. Et un mari presque inconnu !

Nous nous sommes installés, nos ressources étant maigres, chez les parents de mon époux, et j'ai dû accepter une façon de vivre totalement opposée à celle que je connaissais. Affronter le tumulte au milieu de ses six frères et sœurs, et surtout subir le peu de bienveillance à mon égard ce qui m'affectait le plus.

Ma santé se mit à décliner. Les privations et le climat familial hostile à mon égard, sauf de la part de mon mari, finirent par me conduire dans une maison de repos.

Par la suite j'ai pu acquérir quelques notions essentielles de français en suivant des cours. Puis, j'ai réussi à trouver du travail comme femme de ménage dans une famille où je perfectionne mon français au contact des enfants.

Notre situation financière se redressant, ma santé s'améliorait, et je retrouvais courage et foi en un avenir meilleur.

Aujourd'hui je me sens bien en France. Je désire y rester pour le bien-être que ce pays me procure et la possibilité d'élever mon fils dans de meilleures conditions, malgré mes attaches profondes au Portugal, principalement toute ma famille qui reçoit ma visite pour les grandes vacances. Je n'ai qu'une sœur, résidant en Haute-Savoie, qui souhaite, elle, fortement rentrer au pays dans quelques années, car elle ne se sent pas intégrée, malgré les avantages dont elle bénéficie.

J'ai bâti ma vie ici maintenant, consolidant un édifice que je souhaite solide. Je vis heureuse avec mon mari, mon fils, mes amis et relations, et un travail qui me donne satisfaction. Je peux dire que mes convictions religieuses m'ont beaucoup aidée à surmonter toutes ces épreuves, mes prières nombreuses, car je me culpabilisais de n'avoir pas suivi les conseils de mes parents pour échapper à une éducation très rigoureuse.

## OCEANIE

### WENDY : RACONTER LE PACIFIQUE

" Notre diocèse a 3 000 kilomètres de long. Il est formé d'une multitude de petites îles, certaines indépendantes, d'autres ayant encore un statut de colonisées.

Les grandes puissances veulent être de plus en plus présentes sur ce continent et usent de tous les moyens économiques pour cela.

Plusieurs d'entre-elles, dont les Etats-Unis et la France pratiquent des essais atomiques sur les atolls de Marshall et Muruora. Sur nos îles existent une économie artificielle qui repose principalement sur les bases militaires.

Nous pensons que Justice et Droits humains sont chez nous liés au développement et nous voulons créer chez nous, dans nos îles, des réseaux de solidarité économique pour améliorer le bien-être des populations locales. Nous voulons habiter nos îles et y construire la Paix... ". Notre océan s'appelle Pacifique et il devient étrangement un théâtre militaire et géographique effrayant.

CHAPITRE — VII

# RELIGION : ELLES ONT LA FOI

*Femme en prière.*

*La religion est un rapport à la transcendance, au sacré, à Dieu. Elle introduit une dimension de gratuité, d'absolu d'où son caractère de radicalité. La religion n'est pas, en soi, attachée à une culture, mais force est de constater que la plupart des grands religions ont marqué ou même engendré certaines cultures. Elle détermine le rapport au monde, à la vie, aux autres. Elle exerce une influence sur tous les aspects de l'existence.*

*La religion recèle d'immenses potentialités, transformatrices que les pouvoirs temporels de tous les temps se sont efforcés de canaliser en vue de leurs intérêts immédiats. C'est ainsi qu'ont souvent été valorisés l'acceptation de la souffrance, du sacrifice de sa vie, la résignation devant des conditions inhumaines. Le bonheur viendra après la mort !*

*On se réfère alors à une morale stricte, à des valeurs définies une fois pour toutes. Le plus souvent, et quelle que soit la religion concernée, cela s'accompagne d'une pratique rituelle très contraignante. Il y ceux qui savent, qui enseignent (les ministres du culte), et ceux qui obéissent. La femme est inférieure, dépendante de l'homme.*

*Une lecture plus désintéressée, plus fidèle des textes sacrés dégage une dynamique très différente. Chaque homme, chaque femme est acteur de sa propre vie, responsable avec les autres de l'organisation de la vie sociale. L'engagement dans les réalités concrètes est encouragé. La morale, les valeurs auxquelles on se réfère sont à actualiser avec le contexte de l'époque. Les grandes orientations des textes religieux sont à confronter avec les appels du monde d'aujourd'hui. C'est la marche, l'avancée d'un peuple vers l'Absolu, vers Dieu. L'égalité dans la différences des sexes ou des races est affirmée.*

*Avec les mouvements de population amplifiés par la crise économique (émigration dans les pays occidentaux mais aussi dans le Tiers-Monde), nous assistons à un choc des religions entre elles. C'est un défi qui nous est lancé. Les fanatismes envahissent tous les continents.*

*Allons-nous céder à la peur ? à l'ostracisme ? Saurons-nous au contraire profiter de ces confrontations pour nous enrichir mutuellement ? Quelles attitudes avoir, quelles clés se donner pour éviter de nouvelles guerres de religion, pour favoriser la libération de l'humanité de tout ce qui l'écrase pour provoquer son avancée vers Dieu ?*

*Et si nous regardions du côté des femmes ? Leurs rôles dans l'éducation, dans la transmission de la foi sont reconnus par tous. Dans une humanité désorientée, découragée, elles cherchent les voies de la justice, de la paix, en référence implicite à leur foi. Elles le font à leur manière originale, très concrètement, très pragmatiquement, avec modestie. C'est un mouvement mondial profond, même s'il est encore trop peu reconnu.*

*En lisant attentivement les quelques témoignages qui suivent des pistes apparaissent :*

*Chercher à connaître ceux qui sont différents de nous pour vaincre la peur car elle naît toujours de l'inconnu. C'est ce qu'a fait la musulmane Horia en rencontrant des chrétiennes de la JOC. Elle y a gagné une meilleure connaissance d'elle-même mais aussi l'envie de mieux connaître sa propre religion, sa culture, ses racines. Découvrir au contact d'autres peuples des réponses nouvellles, originales, à des questions vitales comme les rapports entre l'homme et la nature, rapports de domination, de violence, de soumission, de respect ? Pour les Indiens du Paraguay la nature est école de sagesse. Refuser la fatalité de certaines situations en osant proposer des solutions audacieuses, en pariant sur les capacités d'amour enfouies au cœur de tous, en vivant une foi basée sur l'espérance, comme sœur Anna.*

*Se battre contre toute aliénation pour soi mais aussi pour les marginalisés, les pauvres. Favoriser leur participation, partager le pouvoir de décision avec eux, comme nous le demande Madeleine de Madagascar. Revenir aux sources profondes de nos religions en étudiant les textes sacrés. Ils sont notre richesse commune, que nous soyons laïcs ou ministres du culte, que nous soyons hommes ou femmes.*

*" Il faut étudier le Coran. Il ne faut pas laisser les livres saints uniquement dans les mains des hommes ".*

*Interroger les textes sacrés des différentes religions sur un problème commun à toute l'humanité. " Que nous soyons femmes chrétiennes ou femmes musulmanes, nous avons les mêmes problèmes... Je suis musulmane mais je lis la Bible ". Aujourd'hui, la personne humaine a une dimension planétaire. Aujourd'hui, elle ne peut ignorer le défi qui lui est lancé, gagner la guerre de la misère et de la pauvreté. Le développement intégral des peuples ne pourra se réaliser qu'en s'appuyant sur toutes les forces spirituelles qui traversent le monde.*

## AFRIQUE

### MADELEINE : LES ALIENATIONS SONT AUSSI DANS LE COEUR

Elle vient de Madagascar, Madeleine Ramaholimihaso, cette mère de famille de quatre enfants, qui a plus de 40 ans, n'a jamais cessé de militer. Au sein de l'ACI (Action catholique des milieux indépendants), puis de MIAMSI (ACI au niveau international). Elle exerce aussi un métier d'expert-comptable qui l'amène à participer à des réunions de responsables dans son pays mais aussi à l'étranger.

A Lyon, le 25 février 1985, Madeleine a dit l'importance de sa famille dans sa vie. Après 8 275 jours de vie conjugale (calcul d'experte !) Madeleine fait le bilan de temps en temps avec son époux qui, lui, est protestant. Pour cette catholique active, la famille est une réalité de la société africaine et malgache. Ainsi elle aime préparer ses réunions avec ses enfants.

Sur son pays, elle essaie d'y voir clair. En 1972, ce fut le " Mai malgache et la grande restauration de sa dignité ". En 1975, l'adoption de la charte de la révolution socialiste amène un nouvel élan. Aujourd'hui, cet élan est un peu amoindri. Mais Madeleine Ramaholimihaso, qui appartient à ce même milieu pense " que les cadres sont restés les mêmes sous l'ancien régime ou le nouveau ". Elle est très sévère — ou très lucide — sur cette réalité. " Les aliénations ne sont pas seulement dans les structures d'un pays, mais dans le cœur de chacun ". Où que ce soit au monde, pour Madeleine " ce sont toujours nos milieux qui tentent de s'accaparer les pouvoirs de décision ". Pour elle, le dialogue doit primer au sein d'un peuple, mais aussi dans l'Eglise. " La liberté n'est-elle pas d'abord pour ceux qui n'ont pas de place dans la société ". Pour elle, le colonialisme n'est pas le seul responsable des maux du Tiers Monde. Parfois ces pays se sont engagés sur des voies difficiles sans préparation de leur peuple.

Elle se déclare frappée par la " nécessité urgente d'une évangélisation des personnes qui occupent des postes de responsables ". Conditions de changement dans les sociétés, du Nord comme du Sud. A l'Est comme à l'Ouest.

### FATIMA : RECHERCHE SUR LE CORAN

Nous faisons avec d'autres femmes une recherche sur le Coran pour un retour aux sources de l'Islam. Cette recherche faite par des femmes montre que l'Islam est plus favorable aux femmes qu'on ne le croit. Un exemple : un verset du Coran dit qu'un homme a le droit d'être polygame à condition d'être juste avec toutes ses femmes. Or, ce verset ajoute : mais ce n'est pas dans la nature humaine d'être juste. Donc, pour nous femmes, le Coran ne favorise pas la polygamie.

Début juillet 1985, nous avons pu proposer une loi qui limite la polygamie car peu de temps auparavant (début juin) une loi précédente l'avait rétablie pleinement en Egypte. Dans l'Islam, le divorce est un droit acquis par les femmes.

Une femme maltraitée peut aller au tribunal et soumettre son cas au juge. Mais comme celui-ci est un homme, sa lecture des textes islamiques peut être particulière. C'est pourquoi, nous femmes, il faut étudier le Coran.

Toute religion est révolutionnaire mais les femmes ne doivent pas laisser les livres saints uniquement dans les mains des hommes.

## AMERIQUES

## BRIGITTE : A LA RECHERCHE DU PARADIS PERDU

Ils sont encore nombreux à vivre. A Paraguay on en compte 73 000 mais ils disparaissent progressivement au Nord-Est de l'Argentine et dans quelques provinces du Sud du Brésil on les retrouve encore. Cheminant à petit pas sur la terre depuis plusieurs siècles, à la recherche d'un Paradis perdu. Ce sont les Guaranis.

Leurs croyances traditionnelles auxquelles se mèlent des éléments du catholicisme, (dûs à la présence des Jésuites, pendant environ 200 ans, dans le Bassin du Rio de la Plata) (1) sont encore aujourd'hui le noyau et la cohérence de leur société. Tùpa, leur dieu, prié au lever du soleil et au coucher de ce dernier est celui qui régule la vie.

Dans ces longues prières, que nous avons partagé, dans ces danses, ces chants et ces litanies, qui remontaient à plusieurs générations mais qui étaient fortement enracinés dans la vie quotidienne, les Indiens m'ont fait découvrir leur sagesse, celle qui puise ses racines dans la terre des ancêtres, mais qui permet aussi d'envisager l'avenir avec sérénité, malgré les difficultés rencontrées.

(1) Voir le film " La Mission ".

Cette prière partagée pendant de nombreux mois m'a aussi appris à découvrir l'originalité du christianisme permettant de rencontrer l'autre dans sa diversité, de foi, de culture, d'expression de ces dernières, mais aussi dans une créativité constante, symbole d'universalité.

## ANNE : UNE FEMINISTE CHRETIENNE

Le Mouvement des Femmes existe dans l'Eglise catholique aux Etats-Unis. Les femmes catholiques, laïques et religieuses, veulent que leurs voix soient entendues et leurs dons reconnus au même titre que ceux des hommes. Elles appellent un changement dans les attitudes et les structures au sein de l'Eglise comme dans la société : même statut, même égalité de chances pour être à son service, même participation aux décisions, en particulier celles qui concernent directement leur vie de femmes.

L'Eglise catholique — mon Eglise —, je regrette de devoir le dire, est un patriarcat par excellence. C'est une bureaucratie uniquement constituée d'hommes qui s'est rendue sacrée et intouchable, non à partir de l'Ecriture ou de la première tradition chrétienne, mais sur la base d'une imitation plus tardive des monarchies absolues. C'est ce que beaucoup de femmes catholiques, et de plus en plus d'hommes catholiques, Dieu merci !, mettent en question.

Aussi la tâche des féministes catholiques, femmes et hommes, est de nous inviter tous à envisager un nouveau modèle d'Eglise, plus proche de ce que Jésus a dû avoir à l'esprit quand Il a vécu sur terre et a montré ce qu'est une communauté chrétienne. La tradition qu'Il nous a laissée n'était pas hiérarchique; elle n'était pas bureaucratique. Elle a été une tradition de libération, une tradition qui respecte la femme et l'homme.

Elle n'a pas donné des privilèges à certains au détriment des autres. Elle n'a pas de limite aux engagements ni fait taire la voix de quiconque.

Nous avons, je pense, à toujours conserver à l'esprit ces fondements de l'Evangile.

C'est une bonne idée tout en cheminant de mettre notre féminisme, à l'épreuve en se demandant : " Est-ce qu'il est en accord avec les valeurs de l'Evangile ? Est-il en conformité avec ce que Jésus a dit d'une communauté chrétienne ? Est-il basé sur la vérité, la justice, l'amour ? Est-il respectueux de la dignité de chaque personne humaine ? ".

## ASIE

### BOUDDHA : AU NOM DES FEMMES ET DES HOMMES

Dans ses enseignements, le Seigneur Bouddha a fortement insisté sur l'égalité entre les hommes et les femmes et il a dénigré le système des castes de l'époque. Au lieu de la doctrine d'une société divisée en quatre castes, il a propagé la doctrine du respect de tous les êtres humains et il a souligné l'égalité de toute l'humanité.

En propageant cette doctrine, Bouddha a mis l'accent sur l'égalité de l'homme et de la femme, et, partant de là, leur statut égal dans la société. Ainsi, la propagation de la doctrine bouddhiste a ouvert la porte à l'émancipation des femmes, mais en raison d'attitudes tenaces qui maintenaient les femmes dans un système d'esclavage social, l'abolition immédiate des chaînes devint une tâche laborieuse.

Dans la pratique réelle, le bouddhisme fut corrompu par l'attitude de la société dans son ensemble qui continua d'attribuer aux femmes une place secondaire, même auprès de l'Ordre des moines.

***(Extrait du Réveil, éditeur PADH).***

## EUROPE

### ANNA : UNE IDEE FOLLE

Cet été, au cours d'une session œucuménique à Canterbury, j'ai rencontré sœur Anna. Je l'ai d'abord prise pour une religieuse orthodoxe avec son costume noir aux allures orientales. Elle vit en Irlande.

Et bien non ! Sister Anna est Irlandaise, et de Belfast. Belfast, aussitôt les images surgissent, les attentats, les victimes des deux blocs " protestant " et " catholique ", une violence qui dure et dont on ne voit pas comment elle pourrait finir. Bref, angoisse et désespoir, semble-t-il. Sister Anna est religieuse anglicane des “ Sœurs de l’Amour de Dieu ”, c’est un ordre cloîtré.

Mais Sister Anna s’est sentie une vocation de pélerin et son ordre l’a respectée.

Au cours de ses pérégrinations, elle a rencontré Mère Térésa et elle a reçu un choc. Elle a songé à partir la rejoindre à Calcutta.

Avant de le faire, elle est retournée à Belfast. Replongée dans le drame de son pays, elle s’est dit : Est-ce qu’il n’y aurait pas quelque chose à faire chez moi ? et elle est restée à Belfast. Une école pour catholiques et protestants. Elle a eu une idée : si l’on pouvait éduquer dans une même école des enfants catholiques et protestants ils apprendraient à se connaître.

La haine passe par la peur et la méconnaissance. Alors si on essayait ? Ainsi, avec quelques familles irlandaises catholiques et protestantes, fut fondé en 1974 “ The all children together Movement ” (le Mouvement des enfants tous ensemble). Mais les efforts pour obtenir des écoles accueillant ensemble des enfants catholiques et protestants dans le système officiel furent vains.

Alors, en 1981, ces mêmes familles décident de fonder elles-mêmes un collège. Ainsi naît Lagan College qui ouvre ses portes à Belfast en septembre 1981, avec 30 enfants de 11 ans (2 classes). En 1982, il accueille 90 enfants de 11 et 12 ans (4 classes); en 1983, 163 enfants de 11 à 13 ans (8 classes). Et la rentrée 1984 voit arriver 250 enfants. Le collège est ouvert aux filles et garçons de toute classe sociale. Les familles participent, dans la mesure de leurs moyens, aux frais de scolarité.

L’équilibre reste maintenu entre les catholiques et les protestants pour le nombre d’élèves comme pour celui des enseignants et des membres de l’administration. II y a six aumoniers attachés au collège, les uns catholiques, les autres protestants à la disposition des enfants de leurs communautés respectives.

Sister Anna me dit sa conviction que, dans ce collège, les enfants ont la chance d’une plus grande ouverture grâce à l’apport des deux grandes traditions chrétiennes et des deux cultures anglaise et irlandaise. “ Mais surtout, ajoute-t-elle, ils grandissent dans le respect mutuel, ils n’ont plus peur les uns des autres et ne se haïssent plus, le Christ ne peut pas les séparer, il est la seule terre solide d’unité ”. Mais comment faire face aux dépenses, aux scolarités que plus de la moitié des familles ne peuvent pas payer, aux constructions nécessaires ? Alors Sister Anna continue à parcourir le monde pour faire connaître Lagan College et recueillir des fonds.

Les familles agissent, elles aussi, et le Collège a été reconnu officiellement par l’Etat en avril 1984, ce qui lui permet de recevoir des subventions. Si la somme ne suffit pas à couvrir les frais, c’est un apport important, c’est aussi une reconnaissancqe de son existence et de son utilité.

Je vous assure que grâce à cette rencontre j’ai gagné une bonne dose d'espérance. Quand tout semble impossible humainement il y a encore quelque chose à tenter entre gens de bonne volonté et dans la foi du Ressuscité. Sister Anna en est la preuve.

## AMINA : MUSULMANE LISANT LA BIBLE

Chez nous, le mari a tous les droits, il est puissant. C'est le mari qui fait les courses, gère le ménage. En plus il peut avoir plusieurs femmes. Nous ne voulons plus accepter cela. La contraception n'est pas encore beaucoup utilisée à cause de la religion, et aujourd'hui bien souvent nous nous retrouvons seules avec de nombreux enfants, confie Amina. Un mari est reparti vivre en Algérie avec une autre femme. Il a abandonné sa femme avec ses 8 enfants.

C'est important pour nous d'être admises par des femmes chrétiennes ou femmes musulmanes, nous avons les mêmes problèmes, les mêmes soucis. Si les femmes le voulaient elles arriveraient à modifier beaucoup de choses car ce sont elles qui éduquent les enfants. Si une femme française dit à ses enfants : " Nous sommes tous égaux " et si une femme maghrébine dit la même chose, ça peut changer l'avenir.

## HORIA : POUR LA FOI ET LA PAIX

Vivre sa vie en la partageant avec des enfants c'est une manière de vivre aussi sa foi, d'agir pour la paix, un thème au cœur de cette année de la jeunesse. Un témoignage d'une militante de la JOCF résolument engagée avec des enfants de l'ACE (Action Catholique des Enfants).

Horia a 25 ans. Avant-dernière d'une famille Kabyle de sept enfants, avec ses longs cheveux noirs, des yeux couleur de jais, elle ne renie pas ses racines. Bien au contraire. Des bijoux des montagnes [1] rappellent, dans le petit détail que si " elle se sent à l'aise dans ses baskets ", elle pense aussi au pays de ces ancêtres. Une page tournée d'un livre qu'elle doit aimer à retrouver. Mais Horia est aussi résolument tournée dans une démarche vers le futur avec d'autres jeunes, et surtout les enfants.

Fille d'une famille musulmane, la rencontre avec des jeunes chrétiens s'est passée dans le respect des différences. Ses copines la renvoyaient à elle-même, pour mieux se connaître, pour mieux comprendre son peuple, et sa religion. " Jésus-Christ, je reconnais ce qu'il a fait, mais il me faut aller chercher ailleurs pour avoir des références sur ma foi, celle de mes parents ", explique la jeune fille posément. Ce passage à la JOCF où elle est encore, n'a pas suffit pour nourrir ce besoin de s'ouvrir sur les autres. Le prêtre de l'équipe de la JOCF a conseillé à Horia de s'occuper des

(1) Beni-Yéni au-dessus de Tizi-Ouzou en Grande-Kabylie est spécialisé dans les bijoux peints à la main.

enfants en l'entendant évoquer sans cesse son neveu Baouz, un bambin avec qui elle a démarré un club ACE. Les " Perlin " étaient alors au nombre de trois.

" En sortant du lycée je faisais le Club, le mercredi, avec les petits. Nous avions un jeu de l'oie, avec des petits livrets qui permettent de découvrir la vie quotidienne d'une façon amusante. Les enfants réalisaient des dessins où se retrouvaient leurs amis de l'école, la famille, bref toutes les images qu'ils ont dans leur tête. Ce n'était pas toujours aisé de se positionner avec des petits de maternelle. Le démarrage a même été plutôt dur. Mais quand il y a eu une rencontre de l'ACE à Boulogne autour d'une immense montgolfière, avec tous les enfants et une célébration, tout a pris soudain son sens. Puis Helen étant repartie vers les Etats-Unis, le groupe a éclaté ".

" Nous avions préparé une célébration sur la Paix avec les " Triolo " et les " Fripounet ". Ces derniers ont choisi de réaliser un totem indien " Matanga " entouré de nuages. Les nuages gris présentent les problèmes, et les blancs proposent des solutions. A la fin sera établi un traité de paix, puis une déclaration qui a été aussi offerte aux adultes ".

A la question de savoir combien ses activités prennent de temps, Horia énumère les réunions du Club lui-même, puis les rencontres entre les équipes de la JOCF dans le cadre de la mission ouvrière, avec l'ACO (Action catholique ouvrière) une fois tous les deux mois. Tous les trimestres l'ACE, l'ACO et la JOC-JOCF se retrouvent pour faire le point sur le quartier.

Bref, cette décennie a été bien occupée pour cette petite fille devenue grande, passée de l'école à la vie active où ses engagements sont aussi enracinés. Calme et tranquille, malgré son boulot, le rythme de la grande ville, les réunions, Horia regarde la vie pour elle mais aussi pour les enfants. Avant d'avoir les siens elle pense au stage qu'elle prépare pour devenir éducatrice. A sa manière, avec d'autres jeunes, Horia croit en l'avenir, à l'amitié et à la paix. Bref elle a la foi ! Cette foi, ce retour dans la société Kabyle elle l'a exprimé lors d'une soirée débat à la paroisse Saint-Bernard de Montparnasse en 1986 sur la place des femmes. La présence de sociologues du monde arabe n'a pas pertubé le pragmatisme avec lequel Horia a transmis les histoires de sa grand-mère. Au contraire la fraicheur de ses interventions concrètes a subjugué plusieurs personnes. Comme quoi l'école de la vie est essentielle en dépit des distances, à condition de croire à ce que l'on fait comme Horia y croit.

CHAPITRE — VIII

# LA PAIX
# LE DIALOGUE D'ABORD
# LE DIALOGUE TOUJOURS

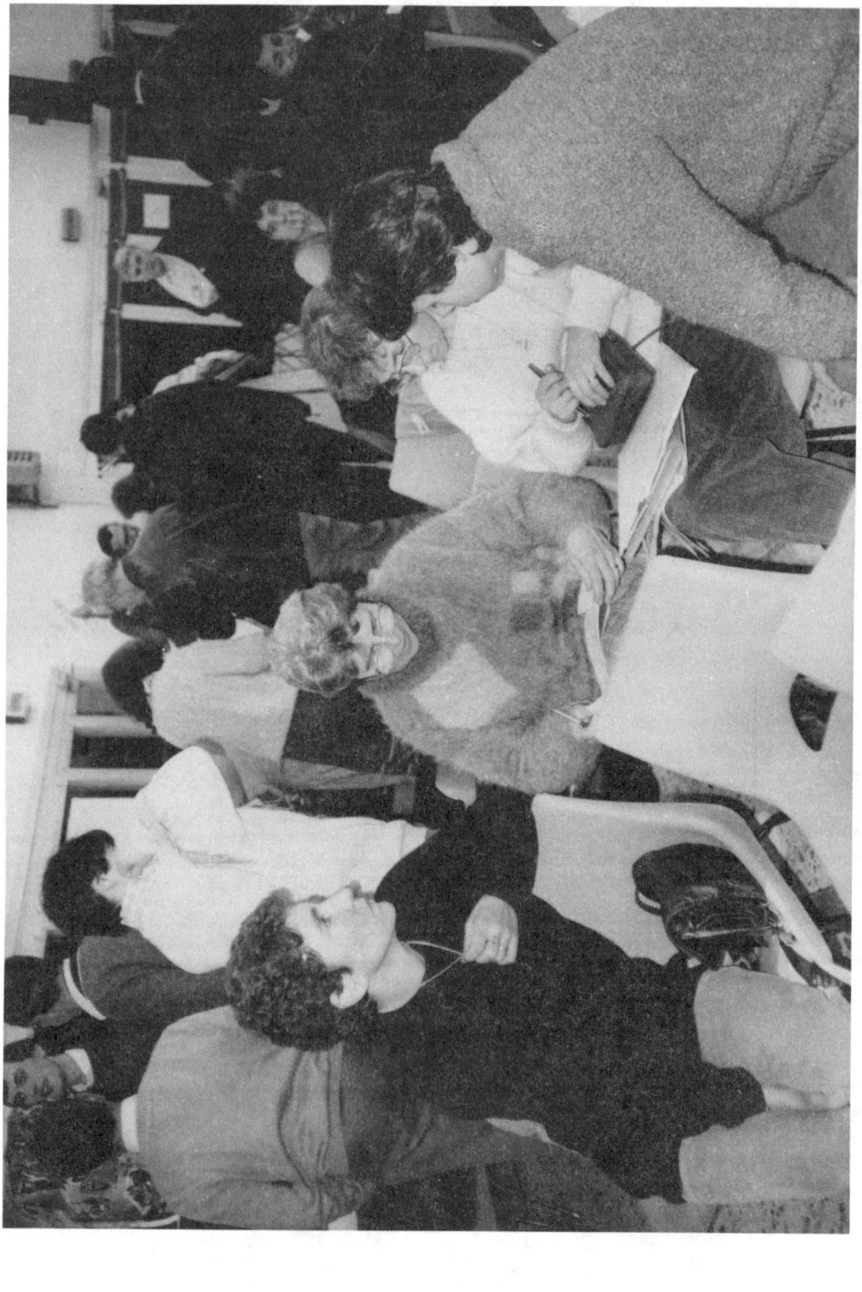

*Une rencontre à Montpellier, au mois de septembre, où les femmes ne se privent pas de prendre la parole.*

*L'histoire de la guerre et de la violence — telle qu'on la raconte — est toujours régie par les mêmes structures. L'homme, valeureux bien sûr, part servir la patrie et la liberté. La femme paie les pots cassés : elle se serre la ceinture parce que " temps de guerre, temps de misère ", elle soigne, panse, console, attend. Puis, au soir de la bataille, silencieuse et discrète, elle est prête pour le repos de son guerrier dont elle est si fière.*

*Au passage, il y aura bien eu quelques tués et quelques veuves ou mères inconsolées. Mais l'on oublie la peine, alors que l'on n'oublie pas la victoire. On pourrait écrire l'histoire autrement.*

*En 1917, plus de 600 000 femmes travaillent dans l'industrie. A la campagne, elles gèrent les exploitations agricoles. Elles deviennent même chefs de famille puisque, la guerre s'éternisant, le législateur leur octroie — provisoirement ! — les droits parentaux qui, jusque-là, sont l'apanage des hommes. A la faveur de la guerre (comment oser ce rapprochement de mots aberrant !) l'émancipation féminine progresserait à grands pas.*

*N'en croyez rien. Il n'en est rien. L'histoire des femmes et de la guerre, c'est la même que l'histoire des femmes en temps de paix :* ***c'est l'histoire d'une exclusion.***

*Comme si l'on était frappé de cécité ou d'amnésie, on prétend que les femmes n'ont pas d'histoire et on ne voit pas bien ce qu'elles ont fait dans le passé — à peine sait-on mieux ce qu'elles font maintenant — pour la paix ou contre la guerre si l'on préfère.*

## NI ELECTRICES, NI ELIGIBLES

*Toute l'action des femmes en faveur de la paix, depuis un siècle, montre leur volonté dc sortir de cette exclusion. Car, il faut le rappeler, pas plus en 39/45 qu'en 14/18, les femmes n'ont d'existence civique. Au regard des institutions* ***elles n'existent pas.*** *Elles ont une âme depuis quelques siècles à une voix près au Concile de Trente en 1552 (et encore, cela n'allait pas de soi !) Il leur faut s'en contenter.*

*En 1793, Olympe de Gouge est montée sur l'échafaud pour avoir osé réclamer le droit de vote pour les femmes. On l'a accusée de vouloir usurper le pouvoir des hommes.*

## DE L'OPPRESSION ET DU POUVOIR

*Non, il ne s'agit pas d'usurper le pouvoir. Car le pouvoir pour lui seul engendre l'oppression. Et justement, de l'oppression, les femmes, elles n'en veulent plus. Or, la guerre est la pire des oppressions. Elle est la violence institutionalisée, elle est l'aliénation des peuples par d'autres peuples ou par un pouvoir militaire qui est toujours exercé par des hommes.*

*Comment s'étonner alors que les femmes s'engagent au service de la paix ? Ce n'est pas parce que leur tempérament naturellement doux et rêveur leur ferait haïr la violence — qu'on se souviennent des Amazones ! — ni parce qu'une quelconque infériorité physique leur ferait craindre les affrontements — Judith savait bien qu'on supplée à la force par la ruse. Mais c'est que la guerre est l'expression la plus aiguë d'une oppression qu'elles refusent, d'un pouvoir qu'elles récusent, d'une vie institutionnelle à laquelle elles n'ont pas — ou si peu ! — accès et où les décisions se prennent sans qu'elles aient à dire leur mot sur la mort et la vie, elles qui, pourtant, ont reçu la vie en partage.*

## UNE PAROLE NEUVE

*Victimes d'une exclusion de la vie politique et d'une situation d'oppression engendrée par des siècles de pouvoir masculin, les femmes qui s'engagent au service de la paix, de la liberté et du développement — car les trois sont inséparables — font entendre une parole neuve.*

***Non pas une parole spécifique** car il ne semble pas qu'il y ait une façon de penser typiquement masculine et une autre typiquement féminine. **Mais une parole récente, inhabituelle, qui — de ce fait — rompt avec les normes du discours traditionnel et s'expose donc à être mal perçue.***

*Comme le disait Virginia Woolf : " La meilleure façon dont nous pouvons vous (les hommes) aider à empêcher la guerre est de ne pas répéter vos mots et suivre vos méthodes mais de trouver de nouveaux mots et de nouvelles méthodes ".*

## LE PARTI DES FEMMES ?

*Etre citoyennes à part entière, refuser l'ostracisme entre diverses tendances ou divers mouvements situer les débats et les actions à un niveau international, prôner la vie et le développement plutôt que la course au pouvoir, voilà sans doute ce que les femmes apportent de nouveau. Non pas sous la forme d'un parti unique et monolithique mais selon des formes plurielles correspondant à des groupes sociaux ou culturels, à des moments de prise de conscience privilégiés, à des situations locales particulières. C'est pourquoi il n'existe pas UN mouvement de femmes pour la paix, mais des mouvements, et surtout une évolution des esprits, un droit à la parole constamment réaffirmé afin que soit entendue : " la seule source de concepts nouveaux non encore exploitée, l'unique espoir de paix qui n'ait pas encore été trompé ". (Colloque de l'UNESCO, décembre 1981, New Delhi).*

## UN PEU D'HISTOIRE... DE FEMMES...

**1789** *Olympe de Gouge réclame pour les femmes le droit de vote et rédige une " Déclaration des Droits de la Femme " : 17 articles en faveur de l'égalité des sexes.*

**1889** *Dans le journal " l'Indépendant " : " Les hommes ne se battent qu'afin de se prendre quelque chose. Les femmes doivent jouer le rôle d'agents pacificateurs.* ***La question de la paix est connexe à la question féminine*** *".*

**1895** *Eugénie Potonie-Pierre fonde " L'Union Internationale des Femmes pour la Paix ".*

**1896** *La Princesse Wiszniewska fonde " La Ligue Internationale des Femmes pour le Désarmement " (qui deviendra, en 1910 " L'Alliance Universelle des Femmes pour la Paix et l'Education ").*

**1898** *Camille Flammarion fonde " L'Association, la Paix et le Désarmement par les Femmes " (qui deviendra, en 1919, la " Ligue des Femmes pour le Désarmement Universel ").*

**1905** *Bertha Von Suttner, autrichienne cofondatrice de la Ligue avec Camille Flammarion, est la première femme à recevoir le* ***Prix Nobel de la Paix.***

**1910** *Clara Zetkin propose la date du 8 mars comme journée mondiale des femmes et déclare : Femmes, la paix du monde nous a toujours été bien chère. Si les hommes se tuent, les femmes doivent lutter pour la paix. Si les hommes se taisent, notre devoir socialiste est d'élever la voix.*

**1915** *Création, à La Haye de la " Ligue Internationale des Femmes pour la Paix et la Liberté ".*

**1917** *Les femmes représentent 40 % de la population active en France. Elles occupent 25 % des postes dans les industries d'armement.*

*Joffre déclare : " Si les femmes qui travaillent dans les usines s'arrêtaient vingt minutes, les Alliés perdraient la guerre. "..*

*Pourtant, elles réalisent progressivement l'exploitation dont elles sont victimes et le rôle qu'on leur fait jouer dans la continuation de la guerre. Ce sont les grèves qui démarrent en janvier 1917 à l'initiative des " cousettes " et gagnent progressivement le secteur de l'armement.*

*Conscience ouvrière et conscience pacifiste évoluent parallèlement.*

*Dans le même temps, se développe un fort courant pacifiste animé par des institutrices préoccupées de paix et d'éducation, parmi lesquelles Hélène Brion.*

*Arrêtée en novembre 1917 pour propagande pacifiste, elle déclarera lors de son procès : " C'est par féminisme que je suis ennemie de la guerre ".*

**1919** *Nelly Roussel écrit dans " La République Intégrale " : Il faut proclamer que, si l'on veut des enfants, c'est à nous qu'on doit s'adresser et que, désormais, nous n'en ferons qu'à certaines conditions : que nous ayons la certitude de ne plus travailler pour l'engraissement des champs de bataille ".*

*C'est l'idée de la grève du ventre vieille comme l'Antiquité, depuis que Lysistrata, héroïne d'Aristophane, faisait jurer aux femmes d'Athènes de se refuser à leurs maris jusqu'à ce que la paix soit conclue avec Sparte.*

*Mais aussi dans la lignée d'Olympe de Gouge, c'est la revendication à l'existence civique des femmes. " Qu'on nous laisse assurer nous mêmes la paix par notre* ***participation directe aux affaires publiques*** *". (Ibid.)*

**1920** *Madeleine Vernet écrit dans sa revue " La mère éducatrice " : " La guerre ! Quelle formidable insulte à la maternité ! (...) C'est vous qui êtes créatrices de la vie, c'est vous qui devez défendre la vie ".*

*Elle fonde alors, avec Hélène Brion, la " Ligue des Femmes contre la Guerre ".*

**1921** *Madeleine Vernet écrit dans la même revue : Soyons logiques : ne haïssons pas seulement la guerre, haïssons le militarisme. "*

*Et encore : " Tu dois déclarer la guerre à la guerre. Tu tiens entre tes mains une force invincible : les enfants. Mais ce n'est pas les causes de la guerre. Tu verras où sont tes ennemis, tes vrais ennemis. "*

**1926** *Bulletin des Groupes Féministes de l'Enseignement Laïque : " Tant que les femmes accepteront sans résistancce cette idée que la guerre est inéluctable, tant que, en vertu de ce principe, elles accepteront la mobilisation des consciences et n'opposeront aucune barrière au pouvoir militaire souverain en temps de Paix armée, elles se feront complices d'un crime. "*

**1930** *Pétition en faveur du désarmement signée par* ***douze millions de femmes.***

**1931** *Jane Adams, présidente de la " Ligue Internationale de Femmes pour la Paix et la Liberté " reçoit le* ***Prix Nobel de la Paix.***

**1934** *A Amsterdam, rassemblement* ***mondial*** *de femmes contre la misère, le fascisme et la guerre.*

*La " Ligue Internationale des Mères et des Educatrices pour la Paix écrit au chancelier du Reich pour lui demander de veiller à ce que l'enseignement allemand soit moins nationaliste.*

*Dans le même temps, la Ligue engage des actions pour faire retirer les jeux à caractère guerrier des catalogues des grands magasins. Elle fait circuler des pétitions contre la répression à l'intérieur de l'armée, prêche pour l'Espéranto, lutte pour la nationalisation des industries de guerre et* ***pour que les femmes deviennent membres des institutions internationales.***

**1938** *La même Ligue demande la création d'un Ministère de la Paix.*

***Après... après c'est l'autre guerre,*** *l'engagement de milliers de femmes dans la Résistance, celles dont on ne parle pas. Elles transportent des tracts dans les landaus de leurs bébés, passent et repassent la ligne de démarcation à bicyclette pour établir les contacts avec la zone libre. Elles servent de boîte à lettres, se débrouillent avec les cartes d'alimentation pour nourrir le clandestin qu'elles ont accepté d'héberger sans poser de questions... Bien peu reviendront des camps de la mort. Six femmes seulement seront compagnons de la Libération. L'Histoire officielle a la mémoire courte, et beaucoup d'œillères.*

**1946** ***Le Prix Nobel de la Paix*** *est décerné à Emily Greene Balch, secrétaire générale de la " Ligue Internationale des Femmes pour la Paix et la Liberté ". En lui remettant le prix, le Directeur de l'Institut Nobel déclare : Il eût été sage d'accentuer les propositions de la Ligue, (mesures suggérées à la Conférence de la Paix à Paris en 1919 en vue d'éviter une nouvelle guerre). Mais rares furent les hommes qui écoutèrent ce que les femmes avaient à dire. Le climat était trop amer, trop vindicatif.* ***Par dessus tout, il y avait le fait que la proposition était avancée par des femmes.*** *Dans notre monde patriarcal, les suggestions qui viennent des femmes sont rarement prises au sérieux. Parfois les hommes seraient bien avisés de faire l'économie de leurs sourires condescendants ".*

**1976** *Marche des femmes irlandaises pour la paix.*

**1977** *Création de la section française de " Femmes pour la paix ". Betty Williams et Mary Corrigan, les animatrices irlandaises* *du " Mouvement pour la Paix " reçoivent le* ***Prix Nobel de la Paix.***

**1980** *Création de résistance Internationale des Femmes à la Guerre.*

*

* *

*A partir de 1981 se développent des actions féministes pacifistes contre la course aux armements. Boycott, sit-in, désobéissance civile sont les moyens mis en œuvre par les militantes. Des moyens non-violents car, comme le disait Mahatma Ghandi : " Si la loi de l'humanité est la non-violence, l'avenir est avec les femmes. (...) Il leur est donné d'enseigner l'art de la paix au monde en guerre. "*

*Les camps de Cole Bay (Canada), Seneca (USA), Camiso (Italie), Hastelbach (RFA), Greenham Common (Angleterre) sont les lieux où s'exprime la volonté des femmes de ne plus subir les décisions arbitraires des gouvernants. Des lieux de non-violence, encore, car, comme le souhaitait au siècle dernier Victor Considérant : " Le jour où les femmes seront initiées aux questions sociales, les révolutions ne se feront plus à coups de fusils. "*

*Initiées aux questions sociales, elles le sont tellement que la Conférence de Nairobi qui clôtura, en juillet 1985, la Décennie de la Femme, ouverte en 1975 sous l'égide des Nations Unies, porte comme titre :* ***Egalité, Paix, Développement*** *". Le développement et tout le développement : économique, scolaire, sanitaire, culturel — au sens le plus large du terme — tant il est vrai que " c'est ainsi, et pas autrement, qu'on construit la paix " (discours de Paul VI à l'ONU, 4 octobre 1965, passage concernant le développement).*

— *Extrait du journal de Pax Christi : " Les Femmes et la Paix " mai 1985, par Brigitte Maurel.*

**AMERIQUES**

## ARGENTINE : PAS SI FOLLE QUE ÇA !

On les a appelées les " folles ". Tous les jeudis, elles défilaient devant le Palais Rose où s'étaient installés les militaires en 1976 après le coup d'état contre Isabel Peron. Inlassablement, des semaines, des mois, des années, elles sont venus réclamer des nouvelles des " disparus ", ces personnes arrêtées par l'armée et dont les militaires disaient ne rien savoir. Il y a eu les mères puis les grand-mères.

Car au pays de Videla et de Viola, même les enfants étaient enlevés. Certains, nés en prison, ont été placés à l'étranger. Il a fallu toutes ces énergies des " folles de mai " pour que les dossiers s'épaississent, que des traces soient retrouvées et que des disparus puissent retrouver les leurs.

Malgré la répression, ces femmes ont relevé la tête, ont fait face à la violence. La démocratie revenue, elles ont réclamé de ne pas passer l'éponge comme cela. Paul Alfaisur a préféré ne pas affronter une armée toujours prête au coup d'Etat. Mais la mémoire des femmes est longue. Elles continuent de revendiquer justice pour les disparus par principe. Car les crimes contre l'humanité sont en principe imprescriptibles. On continue de dire qu'elles sont folles ? Elles expliquent que cela n'est que justice.

**ASIE**

## RANA ET SALMA : AU LIBAN LES GENS EXISTENT

Quand les hommes ont été tués, ou emprisonnés par les occupants Israéliens, il incombait aux femmes du Sud Liban (Tyr, Saida) de s'occuper de tout. Elles ont dû en assumer la charge essayant de maintenir le niveau de vie de la famille sans superflu (au moins de la viande une fois par semaine). Ne voulant pas être obligées de se prostituer, elles ont cultivé des denrées dans leur jardin, et organisé la vente. A Tyr, elles devaient faire 3 kilomètres pour chercher l'eau nécessaire à la boisson et à l'hygiène. Notre Centre social se demandait comment leur venir en aide.

Une des choses importantes était de fournir des vêtements et du lait aux enfants (six ou huit par famille). Mais pendant les trois ans d'occupation, il était urgent d'aider les familles de détenus à envoyer l'habillement nécessaire aux détenus dont le nombre variait de un à quatre par famille. Au retour des hommes, elles continuent à assumer la charge de la famille. Si les détenus sont revenus maintenant, ils ont perdu leurs capacités physiques et nerveuses : maladies cardiaques, rénales, du poumon, 70 % des détenus sont donc trop gravement handicapés pour trouver un travail dans le bâtiment, l'aménagement des routes, et dans les plantations.

De plus, ils ne peuvent que difficilement trouver du travail car eux-mêmes ont des difficultés à dépasser psychologiquement ces années d'enfermement. De plus, il y a un préjugé défavorable contre eux : s'ils n'étaient pas militants, ils n'auraient pas été détenus, ce qui est d'ailleurs faux, puisque 50 % n'avaient rien à voir avec la résistance. Même pour ceux qui ont retrouvé du travail, il y a l'inflation, et les difficultés socio-économiques du pays où le chômage s'amplifie. Le pain est passé de 4 livres à 7, et la boîte de 3 kgs. de lait de 60 livres à 150 en quelques mois. Le kilo de viande est à 150 livres pour un SMIC de 1 800 livres.

Donc, face à cela, même le travail des hommes n'est plus suffisant. Les femmes continuent donc ce qu'elles ont commencé pendant leur détention. Même les jeunes filles universitaires sont acculées à prendre parallèlement un travail, et à réhabiliter avec le travail manuel. De plus, quand elles travaillent (et elles n'en trouvent pas facilement), même un salaire minimum ne suffit plus, car elles veulent aider leur famille. Aussi, les jeunes filles qui, chez nous, aiment bien " s'habiller " se sont mises à apprendre dans nos centres de promotion féminine la couture et le tricot pour économiser sur les vêtements.

Quand on écoute la radio, ou la TV française, on a l'impression qu'au Liban les gens ne peuvent plus exister pourtant, l'on découvre que le Liban est un pays qui continue d'exister.

Nous voudrons témoigner de la valeur, de la ténacité, et de l'endurance féminines.

Auparavant, des femmes traditionnellement au foyer, non préparées professionnellement, analphabètes pour les plus de trente ans, n'étaient jamais sorties acheter les denrées alimentaires. C'était l'homme qui faisait cela. Et, du jour au lendemain, elles ont pris complètement à charge la famille. Nous avons vécu parmi elles pendant trois ans.

Durant le blocus alimentaire qui a duré trois ans, avec des moyens de fortune, elles ont essayé de maintenir l'équilibre affectif et alimentaire de tous, allant cueillir des herbes sauvages sous la menace des bombes. Elles assaisonnaient avec ce qu'elles avaient sous la main lentilles, gruau, œufs, afin que les enfants ne soient pas trop perturbés par les carences. Nous les avons vues réussir un plat avec un litre de lait au lieu de cinq, faire un repas de fête avec ces denrées, plus 100 grammes de viande au lieu d'un kilo, et avec cela faire des miracles. Nous les avons vues aussi maintenir au niveau des enfants la relation avec l'absent; pilier de la maison dont il faut être fier, il donne sa vie pour que nous puissions demeurer dans nos terres pour notre survie à tous.

Certaines de ces femmes, sans préparation, analphabètes, ont été le lien avec d'autres familles de détenus, car les assistantes sociales ne pouvaient y aller, sous peine de perquisitions. Nous avons vu une bonne vieille enveloppée du tchador allant de maison en maison pour jeter la petite aide; elles ont pris le relais de la solidarité en nous signalant tel cas à suivre, telle misère cachée. Les femmes faisaient souvent cinq à dix heures de marche à pied pour porter des médicaments, le salaire bloqué ailleurs. Elles étaient le lien avec les jeunes gens qui avaient fui, les hommes qui étaient à l'extérieur et la famille.

C'est véritablement le type de résistance pris dans le sens de la ténacité pour la survie, avec la volonté d'être partie prenante de ce qui se passait, et d'évoluer petit à petit d'une façon dynamique, prenant à charge ce que les autres ne peuvent faire.

Savoir dépasser la douleur, perdre un enfant, l'enterrer le lendemain, et continuer à survivre le lendemain. Leur souci: construire la paix. Aujourd'hui, les gens sont habitués à organiser la vie quotidienne comme au temps de l'occupation, avec un esprit inventif pour créer tous les jours un domaine nouveau. En famille, les enfants apprennent ainsi à aller à l'essentiel.

Les femmes peuvent-elles s'appuyer sur l'avenir politique du pays ? Les choses ont changé. Pendant l'occupation, les femmes étaient fières de participer à la résistance en poussant les hommes à la faire, les nourrissant, les suivant, les soignant au péril de leur vie. Il y avait alors un ennemi : mais, elles sont réticentes à toute violence, et à ce qui est guerre civile.

Maintenant, on dit à ceux qui veulent prendre les armes : " Tu ne resteras plus à la maison : choisis entre ta famille, ou les milices ". Elles ont tellement souffert de la guerre qu'elles n'ont plus qu'un seul souci : construire la paix. Ce qu'elles pouvaient justifier avant, elles ne le font plus aujourd'hui. Elles tiennent à tout prix à la convivialité, à l'état de sécurité qui puisse permettre de reconstruire le pays.

Ce qui a beaucoup marqué, c'est la lutte des femmes contre la détention... Elles font des démarches, des marches silencieuses et des " sit-in ". Des femmes ont même fait des barrages de routes, et ont brûlé des pneus pour demander le retour des absents. Ceci a duré deux ou trois jours sous la pluie, dans la boue.

Il y a deux semaines, dans deux villages proches de la Syrie, des femmes ont marché en silence pour réclamer leurs enfants, et leurs maris. Ce sont des groupes spontanés qui s'organisent comme cela, c'est une organisation spontanée de masse qui vient de la masse... Elle nait avec les besoins de tous les jours, différente suivant les villes et les villages. Le désir de convivialité : un des effets de la guerre.

Nous voudrions ajouter que la guerre du Liban n'est pas une guerre civile, mais les enjeux internationaux ont choisi le Liban comme territoire de combat. Pour pouvoir la faire durer, on a monté les gens les uns contre les autres en exacerbant les différences. Pourtant, ce pays multiconfessionnel a toujours vécu la coexistence, ayant mangé, travaillé, étudié, et lutté ensemble. Mais, depuis la guerre, il y a eu une importante transformation des mentalités. Nous ne parlons plus de coexistence, mais beaucoup plus de convivialité : c'est à dire découvrir nos différences, les accepter, mais aussi les intégrer, et les laisser s'épanouir dans le respect mutuel

A cause des grandes majorités chrétiennes, musulmanes et palestiniennes déplacées, des ghettos ont été créés, mais au Sud Liban, les gens n'ont jamais cessé d'être ensemble, et si j'ose dire, c'est un effet positif de la guerre. Même dans les villages envahis par la violence, les gens ont tenu à revenir vivre avec les autres. Dans ce village, il n'y avait plus de boulangerie : Elle avait été saccagée, et le boulanger tué...

Sa veuve a accepté de rouvrir la boulangerie; elle aurait pu choisir de ne pas revenir, mais elle a accepté le pari : " Moi, j'accepte de recommencer avec des gens qui acceptent de recommencer ". Dépassant ses peurs, et sa douleur, et a fait un pari sur l'espérance. Ce sont les gens les plus touchés qui se dépassent le plus, c'est une leçon pour nous.

Par exemple aussi, dans certains villages mixtes où les chrétiens ne sont pas nombreux, les musulmans se sont entendus pour venir les entourer, par solidarité, à Noël. Ils sont venus en très grand nombre, l'église était comble. Aussitôt dépassés les clivages politiques, c'est faux de dire qu'on ne s'entend pas au niveau confessionnel. Nous sommes heureuses d'avoir pu dire cela : pour nous, c'est une joie chaque fois qu'il y a quelqu'un qui nous accepte telles que nous sommes.

## EUROPE

### FRANÇOISE : NON A LA VIOLENCE !

Mariée, 40 ans, je suis commerçante et j'ai deux garçons. J'écris mon témoignage alors que le Pape Jean Paul II vient d'être victime d'un attentat, et je voudrais que cet événement nous fasse réfléchir sur la violence dans nos vies. Il faut que nous, les femmes, nous sortions de notre silence pour crier bien fort que l'on ne veut plus de la violence, qu'il faut être contre la mort, la violence, la guerre. Ainsi que Gandhi l'a écrit, il y a 60 ans, la non-violence est la loi de l'espèce humaine, comme la violence est celle de la brute (11 août 1920).

Pour l'instant, je ne suis que membre individuelle d'Amnesty International, mais depuis quelques mois nous essayons de former un groupe (nous sommes déjà 4 inscrits), mais cela demande beaucoup de disponibilité et ce n'est pas facile. Je suis mariée, mais mon mari ne participe pas à ce que je fais à Amnesty, je lui en parle ainsi qu'à mes enfants (deux garçons, 16 et 14 ans). Depuis que je suis à Amnesty je m'efforce de lire tous les jours " Le Monde " pour m'informer le plus possible sur les évènements du monde.

Amnesty est une organisation internationale qui prend en charge en vue de leur libération, des Hommes et des Femmes qui sont emprisonnés pour leurs opinions, leurs races ou leurs sexes, et qui n'ont pas commis d'actes de violence ou d'incitation directe à la violence où que ce soit dans le monde.

Pour permettre cette libération, les membres individuels d'Amnesty écrivent, au minimum, trois lettres par mois pour demander au Chef d'Etat concerné la libération du prisonnier dont on a expliqué les causes et les conséquences de l'emprisonnement dans le journal " Chronique ".

Il y a d'autres moyens d'action à Amnesty : la constitution d'un groupe (environ 10 personnes) pour pouvoir faire des recherches sur les prisonniers. Pour des raisons d'impartialité on ne peut prendre en charge un prisonnier de son pays, c'est à dire que nous, en France, nous ne pouvons pas écrire au gouvernement français pour demander, par exemple, la libération d'un objecteur de conscience.

Cette démarche de prise en charge demande, bien sûr, que celui qui écrit soit contre la peine de mort et contre la torture. C'est justement pour cette prise de position contre la peine de mort et contre la torture que je me suis inscrite à Amnesty International. Enfin je voulais ouvrir mon regard sur le monde entier et entrer dans un organisme reconnu et très sérieux.

## CHRISTINE : MARCHER POUR L'EGALITE

Mère de famille de 2 enfants, 18 et 16 ans, je suis permanente laïque en aumônerie. J'ai rencontré beaucoup de jeunes qui n'étaient pas à l'aise dans ces équipes. Ces jeunes " polissons, perturbateurs " m'ont posé des questions. J'ai décidé d'ouvrir un local dans une grande cité de Firmin-Vert pour accueillir des jeunes accueillis nulle part : une vingtaine de jeunes Français, Maghrébins, Portugais, Siciliens... sont arrivés.

Nous avons essayé de vivre ensemble pour nous enrichir de nos différences. Nous étions attentifs à tout ce qui se passait aux Minguettes, à Lyon. nous prenions conscience des problèmes et avons essayé de voir comment des gens s'organisaient pour pouvoir vivre mieux.

Le fils de Gandhi (disciple de la non-violence) est passé dans notre région et nous a aidés à connaître sa vie, sa lutte pour sauver son peuple. Puis, nous apprenions qu'une marche non-violente pour l'égalité et contre le racisme commençait le 15 octobre à Marseille. Pour nous c'était important; elle correspondait tout à fait à notre réflexion. Nous décidons d'y participer.

C'était notre première marche. Le 29 octobre nous sommes allés à Feyzin pour attendre 30 marcheurs, et nous avons fait route ensemble jusqu'à Lyon. Le temps n'était pas avec nous, il pleuvait beaucoup, il faisait froid. Nous n'étions pas nombreux mais émus. C'était notre première marche. Avant d'arriver aux Minguettes nous étions tendus, inquiets. Certains me disaient : " Qu'est-ce qui va se passer aux Minguettes ? " Je les rassurais. Ce qui nous a surpris c'est tous ces gravats (démolitions) qui encombraient encore le centre de cette cité. Deux tours qui étaient murées et habitées que d'un côté nous donnaient une impression de guerre. Mais beaucoup de personnes, du 1er au 18e étage, nous faisaient signe pour montrer leur joie. Nous venions les rencontrer, les soutenir pour qu'ils puissent vivre mieux. Une joie immense nous envahissait tous. Une communication s'était établie entre nous. Certains descendaient, des jeunes surtout.

Les danses commençaient, et les you-you retentissaient et résonnaient. Il pleuvait de plus en plus fort. Nous sommes allés dans une salle pour nous abriter, et manger un casse-croûte. Des familles avaient préparé un couscous pour les 30 marcheurs. Comme il était copieux beaucoup d'autres en ont goûté et ont bu du thé à la menthe. Pendant ce temps nous avons rencontré et bavardé avec les habitants. Ils nous ont dit combien ils étaient attachés à ce quartier et souhaitaient y rester. Après cette pause, nous voilà repartis restaurés, mais trempés, passant par Saint Fons, le quartier de la Guillotière, quelques personnes nous rejoignaient appelés par les haut-parleurs.

Il pleuvait, pleuvait toujours, mais nous ne nous connaissions pas, nous nous sentions tous frères.

Et ce fut le délire en arrivant à Bellecour. Des groupes nous rejoignaient de toute part, et nous accueillaient en criant, et en applaudissant. Quelle joie inoubliable ce fut pour tous ! Sur la place nous étions nombreux. Des personnalités parlaient, des groupes de musique jouaient, le froid nous gagnait, certains jeunes grelottaient. Tous les marcheurs étaient invités à Villeurbanne, mais pour nous, de Firminy, nous avons dû rejoindre notre car pour rentrer chez nous, convaincus, nous nous disions : nous irons tous à Paris.

La joie de ne pas être seuls... Le 3 décembre, nous partions pour Paris en car à 6 h du matin. Quelle ambiance, c'était la fête : revivre ce que nous avions vécu à Lyon. A 14 h, nous sommes arrivés à Paris sur la place de la Bastille. Là, une foule immense se formait. Après une longue attente, nous commençions la marche dans Paris derrière notre pancarte de St. Etienne. Nous étions tellement nombreux que notre marche était lente. Comme j'accompagnais des jeunes, j'ai couru, tout le long de la marche : ils ne restaient pas en place, ils allaient d'un point à un autre. Responsable de ces jeunes j'avais peur d'en semer quelques-uns dans Paris. L'émotion de Lyon était remplacée par la joie de ne pas être seuls, et l'Espérance.

Deux ou trois jeunes de Paris nous rejoignaient et ont fait route avec nous jusqu'au soir. Il faisait un temps splendide. Des gens de tous les âges et de toutes les races marchaient, beaucoup de slogans nous entraînaient.

A 18 h, ce fut le rassemblement vers la Tour Montparnasse où Georgina Dufoix nous communiquait les décisions du Gouvernement : carte de séjour pour 10 ans, et étude sérieuse des dossiers des assassinats d'émigrés. Ce fut une explosion de joie. Ensuite, nous étions invités au Gala à l'Espace Balard. Après quelques péripéties nous sommes arrivés sous un immense chapiteau. L'entrée était payante. Après quelques arrangements nous sommes tous rentrés. Beaucoup de groupes maghrébins, d'Amérique latine, portugais se sont produits.

Quelle fête ! Quelle ambiance ! 3 000 ou 4 000 personnes dansaient, battaient des mains. A minuit, il fallut partir, le car nous attendait. La marche est finie mais nous voulons continuer à lutter pour l'égalité et contre le racisme chez nous, dans notre quartier là où nous sommes.

## SIMONE VEIL : EUROPEENNE SOLIDAIRE DU MONDE

**Avec son air calme et son regard souriant Simone Veil inspire le respect. L'on connaît ses options claires sur la société, Présidente du Parlement européen ou elle est encore députée, Madame Veil est trés écoutée. Voici un texte qu'elle a écrit à propos de la necessaire solidarité entre l'Europe et le Tiers Monde dans FDM, le mensuel du CCFD.**

" L'aide de la CEE au Tiers Monde est souvent méconnue. Pourtant, si cette aide reste très en-deça des besoins, elle est l'une de ses plus importantes politiques, par le budget qu'elle y consacre, et par l'ampleur de ses objectifs. A l'aide aux plus déshérités s'ajoute, en effet, une coopération qui englobe tous les aspects du développement.

Pour échapper aux rigidités administratives et aux contraintes diplomatiques la Communauté fait appel aux concours des organisations non gouvernementales, qui sont mieux à même de conduire des actions décentralisées, spécifiquement adaptées aux populations concernées.

Oeuvrant sur le terrain, partageant la peine et la misère de ceux qu'ils sont venus aider, les volontaires de ces associations ont acquis une précieuse expérience, gage d'efficacité.

Ainsi sont unis dans un même élan de solidarité ceux qui sont engagés dans l'action et ceux qui les soutiennent par leur générosité.

La même solidarité doit se manifester à l'égard de ceux que le dénuement et l'absence de travail ont chassé de leur sol natal. Ils ont contribué à la richesse de nos pays. Nous ne pouvons les rejeter vers le malheur, ni laisser se développer la xénophobie, qui porte atteinte à leur dignité, en même temps qu'à notre honneur.

Enfin, n'oublions pas que la solidarité entre les riches et les pauvres ne répond pas seulement à un devoir humanitaires mais aussi au devoir de promouvoir l'entente entre les peuples et de maintenir la paix ".

CHAPITRE — IX

# LIBERTES FONDAMENTALES ET DROITS
# STATUT : FEMME

MEXIQUE : *Réfugiés guatémaltèques, camp de Kanasayab (Campeche)*
*Pour des raisons de sécurité, les réfugiés ont été transférés.*

*Elles doivent en pleurer de dépit dans leurs tombes ces suffragettes anglaises, qui au début du siècle dernier demandaient le droit de vote pour les femmes, si elles jettent un regard sur notre petite planète. Pourtant que de travail réalisé depuis des siècles, par et pour les femmes afin d'être à même de tenir pleinement leur place à tous les niveaux dans la société.*

## AU FIL DE L'HISTOIRE

*L'histoire nous montre qu'à travers les siècles, et ceci jusqu'au XIX^e^ siècle, les femmes ont plutôt été portées par la société, bien que quelques unes aient occupé des places, fort en vue, telles ces conseillères : Blanche de Castille, Madame de Maintenon et ces reines : Elisabeth 1^ere^ d'Angleterre, Marie-Thérèse d'Autriche, Catherine d'Aragon, Catherine de Russie et bien d'autres encore.*

*Cependant deux époques feront exception à cette réclusion sociale des femmes; la* ***Gaule antique****, où l'on voit des femmes guerrières, responsables de l'agriculture et de l'élevage, qui décident en commun avec les hommes de la guerre et de la paix, et le* ***Moyen-Age****, à cette époque les femmes exerceront des responsabilités dans le cadre des corporations. Elles peuvent se trouver à la tête de ces dernières, elles deviennent alors de " preudes femmes ", si des litiges interviennent sur le plan du travail, elles ont le droit d'intervention* (1).

*1789, Déclaration des Droits de l'Homme et du Citoyen ", elle aurait du améliorer le sort de la femme, mais il n'en est rien et en 1792, Olympe de Gouge sera guillotinée pour avoir en 1791 rédigé une Déclaration des Droits de la Femme et de la Citoyenne et fondé un club de tricoteuses. Aujourd'hui encore, alors que le bicentenaire va être fêté, impossible de faire comprendre dans certains endroits que Droits humains ou de la personne est plus universel et moins ambigu que Droits de l'Homme. Pour celles, comme pour nous, qui trouvons la concept britannique ou espagnol plus égalitaire (human rights et direichos humanos), on nous répond que Homme est pris au sens générique. Mais oralement, le grand H du mot disparaît et l'homme ne se traduit qu'au sens masculin...*

*En France, il faudra attendre une centaine d'années après la célèbre déclaration, c'est à dire 1889, pour assister au 1^er^ congrès des femmes qui eut lieu à Paris. Au XIX^e^ siècle, plusieurs femmes*

(1) *Evelyne Sullerot " Histoire et sociologie du travail féminin ".*

*deviendront célèbres pour leurs prises de positions politiques : Mary Wollstonecraft, George Sand, Flora Tristan, Hubertine d'Auclert qui proclame que " l'interdiction de voter la dispensait de payer ses impôts ". En 1897, Marguerite Durand, fonde le premier journal féminin " la Fronde ", qui parait en 200 000 exemplaires, ce journal s'adressait à des femmes et il était entièrement réalisé par des femmes, Marguerite Durand, crée aussi le premier syndicat des femmes typographes.*

*A l'orée du 20ᵉ siècle, Jeanne Chauvin, est la première femme à prêter serment pour devenir avocate. Des démarches longues et laborieuses sont toutefois à relever dans l'émancipation politique des femmes. En 1788, Condorcet demande pour elles, les mêmes droits civiques que pour les hommes.*

*En France, la chambre des députés par trois fois va refuser le droit de vote aux femmes en 1901, 1902 et 1909. Ensuite ce sera au Sénat de leur refuser ce droit en 1932 et 1935.*

*Nos compatriotes obtiendront leur majorité civique en 1938, mais il leur faudra attendre 1945 pour pouvoir voter, c'est à dire 157 ans après la proposition de Condorcet. La France devient le 36ᵉ état dans l'ordre octroyant le droit de vote aux femmes. Il est alors important de remarquer que les pays protestants, surtout anglo-saxons et scandinaves, pour la majorité se sont montrés plus favorables à l'évolution de la femme. Les Suédoises obtinrent le droit de vote en 1863, les Américaines de l'Etat du Wyoming en 1869 et les Anglaises en 1918. Les Suissesses l'obtinrent seulement en 1971.*

*Il faudra attendre 1971, pour que l'Eglise Catholique, dans une déclaration de Paul VI fasse un pas dans l'ouverture en direction des droits des femmes : " L'évolution des législations en faveur des femmes doit aller dans le sens de la protection de leur vocation propre, en même temps que la reconnaissance de leur indépendance en tant que personne, de l'égalité de leurs droits à participer à la vie culturelle, économique, sociale et politique ".*

*Il existe aujourd'hui dans le monde occidental des femmes sénatrices, députées, ministres, etc. Sur d'autres continents, il faudra beaucoup plus de temps pour que les femmes commençent à jouer un rôle plus important dans la vie publique, pourtant certaines au cours des siècles ont été célèbres, Cléopâtre en Egypte, les dernières impératrices de Chine et de Madagascar, etc.*

*Il faudra attendre la deuxième moitié de 20ᵉ siècle pour voir les femmes bouger, non seulement les intellectuelles, les aristocrates, mais les femmes de toute la terre, de toutes conditions sociales. Elles vont s'organiser, créer des associations féminines, s'engager dans les syndicats, les partis politiques, se présenter aux élections, devenir premier ministre, chefs des oppositions politiques.*

*En 1975, l'ONU leur offre sa tribune en inaugurant la décennie de la femme, lentement mais sûrement elles se mobilisent, elles veulent partager responsabilités et pouvoirs, avec ceux qui aujourd'hui encore ont du mal à les accepter à égalité dans leurs rangs. Auraient-ils peur de voir les rênes de la politique leur échapper ? Après l'Inde, l'Islande, les Philippines, la Grande-Bretagne, la Norvège ont des femmes chef d'Etat ou de gouvernement. Est ce pire ou mieux pour leurs peuples ?*

*Dans les pages qui suivent, des femmes à différents niveaux de responsabilités nous font connaître et partager leur expérience.*

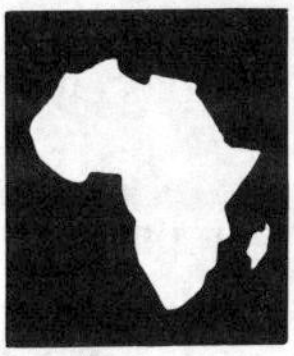

## AFRIQUE

### ROSELYNE : NAÎTRE EN POLITIQUE.

Je suis de Madagascar, j'appartiens au parti MFM. La traduction libre serait : parti pour le pouvoir prolétarien qui est un des 7 partis du front national pour la défense de la Révolution à Madagascar, en dehors duquel il n'est pas possible d'avoir officiellement d'activités politiques. Ce n'est pas un parti unique, c'est un front qui regroupe tous les partis qui acceptent une plate-forme de départ qui est la Charte qui a été votée au suffrage universel en 1975.

Si on accepte la charte on peut travailler en tant que parti. Si on refuse la plate-forme de départ, légalement on n'existe pas. Cela s'appelle front de la défense de la révolution. Il y a donc 7 partis qui ont pour base la charte. Après ça chacun est libre d'avoir le type d'action, le type d'approche qu'il juge bon. Il y a eu un certain éventail de sensibilités, mais il y a un parti dominant.

Nous tenons beaucoup à ce système pluri-partiste même si le parti dominant est le parti du président. Nous, nous avons 4 députés. Sur 150 députés environ, 140 sont du parti du président. On peut poser la question : à quoi cela sert d'avoir 4 élus ? En ce qui nous concerne, avoir des élus cela représente un gain par rapport à avant (on n'en avait pas), et une certaine représentativité à la base.

Notre système est un système de proportionnelle intégrale. Les élections sont presque totalement correctes dans les grandes villes, et plus l'on va vers l'intérieur plus il y a des petites bavures ou du trafic, ou un peur latente chez les gens. Ils hésitent à se montrer différents. Cela peut leur couter cher au niveau de la vie quotidienne. Il suffit que l'épicier du coin, soit le notable du parti pour qu'ils n'aient plus.de sucre. La répression n'est pas militaire, elle se fait entre les gens au sein de la société.

Mon parti a beaucoup travaillé au moment de 1972. Nous avons eu un Mai nous aussi (un 13 mai), ce 13 mai a renversé la première république avec le Président Tsirane (de 1960 à 1972). A partir de 1972 un autre président qui se voulait a-politique a dû rendre son tablier. Un autre chef d'état a été assassiné au bout de 6 jours de pouvoir, ce qui est absolument exceptionnel car à Madagascar il n'y a pas d'assassinat politique.

Ce fut un événement choquant que l'on n'a pas encore digéré. Ce n'est pas dans nos pratiques. Il y aura autre chose peut-être, des assassinats moraux par exemple. Il n'est pas facile de bouger des gens qui ont eu l'habitude d'être toujours commandés. Très souvent, il y a un certain attentisme. C'est une de nos actions de faire prendre conscience aux gens que s'ils ne le font pas eux-mêmes, personne ne le fera pour eux.

C'est dans ce cadre là que nous vivons, Jusqu'en 76 nous avons eu pas mal d'ennuis, nos leaders ont été mis en résidence surveillée, on devenait indésirables et comme on était illégaux... Je passe les péripéties car à Madagascar la vie politique est vraiment compliquée.

On est à la fois Africain et Asiatique, et on a pris les défauts des deux côtés. Ce qui fait que les choses ne sont pas comme elles ont l'air d'être. Plus ça à l'air calme, plus il faut se méfier.

Maintenant, on est de nouveau dans le Front, donc pour la seconde législature nous avons eu des élus. On a prouvé que l'on était une force importante, nationalement représentée à la campagne, à la ville, dans les milieux ouvriers ou intellectuels. Malgré certains scores qui paraissent minimes (comme les 4 députés que nous avons dans différentes provinces).

Comment suis-je venue à la politique ? J'ai été pendant un certain temps dans le syndicat des enseignants du secondaire. C'était une des forces de pression qui a fait tomber le premier gouvernement, qui a participé activement aux événements de mai 1972, et qui a fait parti du comité directeur de la grève, grève étudiants-enseignants, puis grève générale, puis mouvement de masse (un nombre important de morts).

J'ai été dans ce comité directeur et nous avons formé des comités unis de militants. Puis un grand congrès national où les gens venaient avec des cahiers de doléances. Cela a été très profond et cela a permis un changement important. nos trois thèmes : Malgachisation, démocratisation, décentralisation, qui ont été repris dans la charte. Au niveau des principes on a eu ce qu'on a voulu, au niveau de l'application c'est tout à fait autre chose.

Notre parti a été créé en 1972 à la suite des événements. Avant il y avait le parti du président et deux partis d'opposition, dont un assez proche de Moscou (KFM), et un autre (Mounima) qui avait dirigé la révolte de 1971 (avec beaucoup de morts).

Je suis donc rentrée au parti et j'y suis toujours. il recrute cependant plus d'hommes que de femmes. Les femmes malgaches ont tellement de problèmes dans la vie quotidienne que c'est difficile d'aller à des réunions souvent dirigées par des hommes... D'autre part, pour une grande frange des femmes intellectuelles, on avait l'air de bandits : une image collée à la peau que l'on ne renie pas.

Pourtant, on ne joue pas le prolétariat. Moi, je suis professeur mais je pense avoir fait des choix qui vont dans le sens d'un mieux être de l'ensemble sans renier ce que je suis.

Au niveau du gouvernement nous avons une direction de la condition de la femme et de l'enfant qui coordonne les actions des ONG. Les partis y participent et ça fait toujours mauvais effet quand on envoie un homme, et il a bien fallu répondre à la question : qui représente les femmes du parti ? Mais au sein du parti les femmes ont toujours dit qu'on ne voulait pas de sections féminines pour ne pas marginaliser les femmes et leurs actions, pour ne pas en faire des dames patronesses (social, etc.). Seulement, moi j'ai travaillé l'an dernier avec le syndicat ouvrier pour les aider au niveau des problèmes de législation (les ouvriers lisent à peine, les patrons jouent avec cela).

Parmi les intellectuelles du parti certaines d'entre nous vont dans des syndicats. Moi, par exemple j'aide à faire des conventions collectives (on prend ce qu'ils veulent en indiquant les conséquences). Les textes sont souvent rédigés en français. Ils ne sont pas fous les patrons (malgaches formés à l'école française; français, indiens...) et les traductions sont approximatives.

En travaillant dans ces luttes ouvrières on s'est aperçu que les membres hommes ouvriers ne sont absolument pas conscients des problèmes des femmes ouvrières. Très souvent les délégués sont des hommes et ces hommes voient les choses en hommes.

Par exemple, on leur dit : Avez-vous pensé aux femmes enceintes ? Ils répondent : " C'est bien de leur faute si elles sont enceintes et absentes ". Donc une réaction de mâle devant ces situations là qui dépassent largement leurs réactions de militant. Autre exemple : l'utilisation des fonds sociaux dans une usine. Les ouvriers, hommes pour la plupart, décidant que le fond social va être utilisé pour un terrain de foot, alors que, nous, nous disions : n'est-il pas plus important de faire une cantine ou une chambre d'allaitement. Donc, il y conflit entre ouvriers militants. Et puis des choses du genre : qui est renvoyé en premier dans une usine en cas de récession, de période de crise...

Beaucoup d'usines ont tourné à 30-40 % à cause du manque de devises et du manque de pièces de rechange qui en résulte. Donc on renvoie les derniers arrivés, soit les moins spécialisés (les femmes) et ceux qui savent moins se défendre (encore les femmes).

Finalement nous gardons conjointement deux choses : le syndicat ouvrier et une commission au sein de ce syndicat (pour des problèmes de grossesse, allaitement, etc.) pour obliger les hommes militants du parti à s'en intéresser.

C'est une lutte commune et pas seulement une affaire de femmes.

Mais que va-t-on faire des sections féminines qui ne sont pas dans le syndicat ? C'est peut-être une voie pour les femmes qui n'osent pas entrer dans un syndicat (ça peut être une coopérative de femmes dans un quartier) mais c'est important qu'elles se rencontrent pour parler de leurs problèmes, et je m'associe avec elles.

Je suis aussi membre de l'association des femmes de toute façon. Je n'ai pas voulu prendre de responsabilité dans cette association car il y en a qui ne sont nulle part, c'est le moment qu'elles en prennnent.

## CAROLINE : DEPUTEE ET MINISTRE

Mon mari était instituteur. Je l'ai amené dans mon parti. J'ai aidé mon mari et il a été député comme moi. En 1967, il a été assassiné, mais les femmes de mon pays m'ont soutenue. Je suis restée 18 ans députée au Parlement Sénégalais. Il n'y a pas de quota pour les femmes et pourtant elles sont la moitié de la population. Au Sénégal 70 % des femmes sont analphabètes. Actuellement, 14 femmes sont députées, parmi elles deux sont analphabètes et pourtant elles comprennent fort bien les problèmes.

## JOCELYNE : POUR LES ENFANTS DES AUTRES

Femme leader, Jocelyne Minerve est Mauricienne. Secrétaire générale du MIDADE (Mouvement d'Action Catholique de l'Enfance) de janvier 1979 à avril 1983, elle a consacré sa vie aux enfants. A 35 ans elle est célibataire, sans enfants puisqu'elle s'occupe de ceux de son île perdue dans l'Océan indien. Malgré ses blue-jeans, son air décontracté et simple Jocelyne occupe des fonctions importantes au niveau politique. Membre du mouvement militant mauricien, elle a été élue conseillère municipale à Bobassin-Rose hill, en août 1983.

Elle est députée au Parlement de l'île Maurice qui compte 70 membres dont 21 de son parti. Il y a quatre femmes au Parlement dont deux du mouvement militant mauricien.

De passage en mars à Paris, elle se rend à une réunion organisée aux Etats-Unis par le Parti démocrate américain sur le thème des femmes au pouvoir et qui a rassemblé celles qui occupent un poste-clé dans les instances politiques de leur pays.

" Mais mes tâches politiques ne me font pas oublier l'action de terrain. Je continue mon action de formation avec les enfants et les femmes puisque chez nous le système éducatif crée beaucoup de laissés pour compte.

Même si mon pays est tout petit sans attache parlementaire, je ne chôme pas avec une circonscription de 50 000 habitants. Il faut veiller à tout, au travail de terrain, aux finances, et aussi à faire de l'information, ce que je ne manque pas, ayant un page du journal de mon Parti réservée pour les femmes ".

Elle a dit au-revoir comme si elle allait revenir demain. Mais c'est sans doute cela la complicité entre femmes qui fait que dès que l'on ouvre la porte, le dialogue se renoue.

## AMERIQUES

## RIGOBERTA MENCHU : ARRACHER LE DROIT A L'EXISTENCE

Elle est née au Guatémala cette très belle jeune femme qui porte toujours son habit d'Indienne et son sourire. Son histoire est celle d'un être qui a voué sa vie à la défense des populations indiennes qui, tout en étant majoritaires au Guatémala, sont maintenus à l'écart de la vie de ce pays.

Même si un gouvernement élu, civil, a remplacé les militaires qui ont fait régner la terreur sur la population et notamment sur les Indiens, les armes contre ce peuple pourchassé n'ont pas été raccrochées au porte-manteau.

Rigoberta Menchu est Quiché. Pour défendre les siens, elle a appris l'espagnol, elle a appris à prendre la parole chez elle; et plus tard, quand sa tête a été mise à prix, dans les tribunes internationales, c'est elle qui monte sur l'estrade des Nations Unies pour exiger la reconnaissance de l'identité indienne au Guatémala et dans de nombreux pays. Quel chemin parcouru pour Rigoberta Menchu, dont le témoignage a été écrit par Elisabeth Burgos, dans un livre splendide, " Moi, Rigoberta Menchu " publié chez Gallimard. L'interview qui suit a été réalisée alors que Rigoberta, membre du Comité d'Unité Paysans (CUC) étaient de passage au CCFD qui appuie cette structure.

" Pendant deux ans j'ai vécu à l'extérieur du pays pour dénoncer la situation des Indiens au Guatémala et faire connaître la lutte de mon peuple. Il y a une année je suis retournée dans mon pays et j'ai réussi à rester 9 mois à l'intérieur où j'ai pu partager la vie des populations " déplacées " [1]. Dans une région où je suis allée et que je n'ai pu parcourir entièrement, pour protéger ma vie, j'ai pu entrer en contact avec les personnes qui vivent dans les camps. Celles qui ont dû fuir dans des campements dans la montagne. Là où l'armée a du mal à les localiser. Il est difficile d'évaluer cette population.

(1) Moi, Rigoberta Menchu par Elisabeth Burgos, Ed. Gallimard.

Quand je demandais moi-même combien de camps il y avait à cet endroit, mes compagnons me répondaient " Nous sommes nombreux ". Et ceci à cause des mesures de sécurité. Si l'armée sait exactement combien de camps il existe et combien de personnes y vivent, elle en profite pour les réprimer. Si les gens disent qu'ils sont un millier, l'armée peut intervenir car 1 000 personnes ce n'est rien.

S'ils annoncent qu'ils sont 10 000, ce n'est plus la même chose et l'armée n'a guère de chance de venir à bout de personnes qui, de plus, connaissent bien la montagne. La Conférence épicospale de 1982 a parlé d'un million de déplacés, mais ce nombre a augmenté avec les massacres qui se sont accrus, avec la répression qui a augmenté et qui a touché d'autres régions, d'autres endroits. Il y a aussi les réfugiés qui vont dans la capitale, dans des zones marginales des villes. D'autres fuient au Mexique. Enfin, il y a les personnes, qui sont dans les " fincas " dans les grandes propriétés, sur la côte et qui cherchent un emploi d'une ferme à l'autre.

Il faut faire savoir ce qui se passe dans les camps de la montagne. Mais ce n'est guère possible de s'y rendre car les étrangers risquent d'être abattus par l'armée. Le gouvernement a toujours essayé de faire croire que ce sont les étrangers qui mettent le désordre au Guatémala pour nier l'existence de notre peuple. Il y a des comités de solidarité qui travaillent dans le monde à expliquer ce qui se passe dans notre pays. Des agences humanitaires se préoccupent aussi de cette situation et nous commençons à avoir un appui qui se manifeste et dont bénéficient les populations.

Je suis déjà allée à la Commission des Droits de l'Homme à Genève à propos des droits des minorités ethniques qui sont, rappelons-le, au Guatémala la majorité de la population. La Commission, dans une résolution, a condamné le régime guatémaltèque et a reconnu que le pays connaissait un conflit armé interne de caractère non international. Dans ce conflit, les Nations Unies demandent aux deux parties d'appliquer les règles de la Convention de Genève et de ses annexes en ce qui concerne la guerre.

Il a été spécifié à la communauté internationale de ne pas livrer d'armes à l'armée du Guatémala. Le gouvernement a été condamné pour violation des droits humains et des droits indiens.

Et je suis représentante du Comité d'unité paysan (CUC) : c'est l'organisation à laquelle j'appartiens, où j'ai grandi et qui m'a formée, mais je suis également membre de la représentation unitaire de l'opposition guatémaltèque. Nous avons eu des contacts au niveau diplomatique. Mais ce que nous souhaitons c'est que, d'une part, on reconnaisse l'état de guerre au Guatémala et que, d'autre part, les lois humanitaires soient appliquées à notre peuple.

Ensuite, l'obligation des pays européens est de refuser de vendre des armes au gouvernement militaire, car le lui fournir c'est encourager la poursuite de la guerre. Une de nos plus grandes luttes est de faire cesser la vente d'armes. Il y a beaucoup de richesses, non seulement de culture, de croyance, de foi, d'espérance, mais de souffrance aussi.

C'est un peuple qui résiste, qui lutte, qui sait que c'est très difficile mais qui a confiance dans le futur. Il a l'espoir. Nous croyons que ce dont nous avons besoin pour aider ce peuple qui souffre c'est un soutien pour qu'il puisse s'habiller, pour qu'il ne vive pas nu dans les montagnes. Pour que nous ne voyions plus mourir les enfants, il faut pouvoir les soigner.

L'aide prioritaire est économique. Acheter du tissu, lutter contre la malaria. Ainsi les moustiques piquent les enfants, déposent leur œufs. Il faut un minimum d'instruments de chirurgie pour éviter les infections qui provoquent la mort.

Nous devons aussi penser à une alimentation car la population, et surtout les enfants, sont malnutris. Comme nous ne pouvons aller au marché il faut pouvoir produire des aliments de base comme les haricots et le maïs qui composent le repas traditionnel de notre peuple.

Nous pouvons faire cela si nous pouvons compter sur des ressources pour acheter des semences, pour surveiller ce travail, pour que l'armée ne les coupe pas, même pour le cacher. Les gens sèment ici et là, et l'armée a du mal à situer les plantations. En fait, elle cherche à nous faire mourir de faim.

Nous, pour survivre nous comptons sur votre appui. C'est une priorité. Pour notre part, nous prendrons le temps qu'il faudra, mais nous vivrons si nous pouvons compter sur votre solidarité. Et dans 2, 5 ou 10 ans, nous arracherons ce droit à l'existence pour lequel nous souffrons et nous luttons tant.

## LINE : FEMINISTE MEME EN DICTATURE

Line Bareiro est sociologue. Elle est Paraguayenne et elle a participé du 23 au 25 février 1987 à la réunion de Madrid où se sont retrouvés tous les opposants à la plus vieille dictature d'Amérique latine.

Line ne se contente pas de faire un travail de sociologue mais participe activement à la promotion populaire avec les femmes. Dans son pays, le Sénat a ratifié en 1985 une convention sur les formes de discrimination qui doivent disparaître contre les femmes.

Pour Line, cette signature n'a pas changé grand chose dans un pays où la dictature ne respecte rien. Cela fait partie de l'aspect apparent constitutionnel. Ainsi elle cite des faits concrets : “ Quand une femme commet un acte d'adultère, elle est tout de suite mise au ban de la société. Et son mari peut la tuer ou la maltraiter. Si c'est le mari, il est toujours excusable, cela fait partie des erreurs qu'on lui pardonne ”.

Dans son rapport d'une trentaine de pages sur la situation des femmes au Paraguay, Line souligne : “ Nous savons qu'une société avec une tradition autoritaire comme la nôtre ne peut se démocratiser d'un jour à l'autre, mais nous devons tout faire pour lutter pour la démocratie et en même temps pour l'égalité entre hommes et femmes ”.

J'ai rejoint Line et son pays oublié le 23 juin. Symbole : 3 jours plus tard se tenait la première rencontre des femmes sur le Paraguay. Le thème : les femmes devant la loi. Une loi que le gouvernement du général Stroessner veut modifier pour remplacer l'Etat d'urgence supprimé en avril 1987.

Line est l'une des animatrices de cette rencontre. Inlassable, elle veut que cette rencontre au Séminaire métropolitain d'Asuncion soit une réussite.

A la fin des deux journées, une femme paysanne a lu un poème en guarani disant combien est grand l'espoir d'une autre société.

Le combat de Line et de son peuple est difficile à mener de front dans une ligne droite où toute l'opposition s'est retrouvée d'accord pour les prochaines échéances électorales prévues en février 1988. L'enjeu s'écrit au féminin " **démocratie, liberté** ".

## DOMITILA : LES COMITES DES MENAGERES

La démocratie est fragile, l'armée aime le pouvoir, beaucoup de képis s'y sont succédés. Très fortement organisé, le mouvement social, et notamment la COB (centrale ouvrière bolivienne) a mené des actions pour le rétablissement de la démocratie. Dans ce pays minier, les femmes des mineurs de l'Altiplano ont toujours lutté. Elles ont organisé des grèves de la faim en 1980 et 1982 pour des élections démocratiques.

L'une d'elles est désormais connue dans le monde entier. Domitila Chungara, femme d'un mineur de Siglo XX, a été remarquée par une journaliste brésilienne qui a écrit son témoignage : " Si l'on me donne la parole " [(1)]. Dans cet ouvrage, Domitila raconte sa vie de petite fille de mineur puis de femme de mineur. Défendre ses droits partout et contre tout. D'abord pour faire respecter les siens elle s'engage dans les luttes avec les hommes tout en réclamant un statut de femme de mineur et un " Comité des Ménagères " lié à la puissante fédération des mineurs dont Juan Lechin est le président incontesté. Mais Domitila, elle et ses compagnes, le contestent quand elles estiment qu'elles ne sont pas respectées. Arrêtée, battue, elle verra naître un de ses enfants dans un cachot. Il mourra dans cette prison.

" Où suis-je ? Où suis-je ? J'ai essayé de réagir et j'ai entendu le pas du soldat. Alors je me suis rappelé la réalité : ah ! oui, je suis en prison. Qu'est-ce qui s'est passé ? Je me suis rappelé tout le reste et j'ai pensé : où est le bébé ?

Et j'ai voulu me lever. Mais mon corps était tout engourdi, peut-être que je m'étais gelée à même le sol. J'étais trempée. Tout le sang et le liquide qui sort pendant l'accouchement m'avaient entièrement mouillée. Même mes cheveux étaient trempés d'eau et de sang. Alors j'ai fait un effort et j'ai

(1) Edition Maspéro, par Moema Viezzer.

réussi à trouver le cordon de la wawa (le bébé) complètement froide, gelée, là sur le sol.

Maintenant je ne sais pas. Est-ce que le bébé est mort dans mon ventre ? Est-ce qu'il est mort après être né parce qu'il a manqué de soins ? Je ne sais pas. Quelle douleur de perdre un enfant comme cela ! Comme j'ai souffert pour ce petit que j'ai perdu ! Comme j'ai pleuré en le cherchant ! Mon pauvre qui a payé la rage de ces gens qui étaient tellement en colère contre moi !

A la fin j'ai réussi à prendre la wawa (le bébé) et j'ai essayé de lui donner la chaleur avec mon corps. Je l'ai prise et je l'ai enveloppée dans mes vêtements. Je la gardais sur mon ventre en la couvrant pour lui donner de la chaleur, même un tout petit peu. Sa tête résonnait comme une coquille d'œuf. J'ai touché tout son corps et je me suis rendu compte que c'était un garçon. Et je me suis à nouveau évanouie.

Un soldat est venu m'appeler. Mais j'étais en train de rêver que mon fils était là, à rire et à pleurer en même temps.

Le soldat m'a réveillée : " Madame, Madame ! Petit soldat, s'il vous plaît, lui ai-je dit, ma wawita pleure. Prenez-moi ma wawita. Le soldat s'est affolé et il est parti en courant : Mon colonel ! Mon colonel ! Cette femme a accouché, elle a accouché. Quoi, elle a accouché ? Et il est entré : lève-toi garce ! ".

Cette violence qu'elle a vécue dans sa chair n'a pas empêché Domitila, bien au contraire, de reprendre la lutte. Aujourd'hui, elle la continue. A près de 50 ans, elle, une fille et femme de mineur, elle est connue dans le monde entier.

**ASIE**

## SHERNA : INSTITUTRICE DEVENUE DOMESTIQUE

Sherna, institutrice au Sri-Lanka, a participé à une manifestation regroupant 6 000 étudiants et enseignants. Elle a perdu son travail, et n'a pu en retrouver. Comme beaucoup de femmes de son pays, elle a dû partir travailler comme domestique dans les pays du Golfe Persique : 16 heures de travail par jour, pas de syndicats, des salaires dérisoires, impossibilité de se regrouper.

Elle va rester 3 ans dans ces conditions, le temps de son contrat.

Lorsqu'elle revient dans son pays, elle décide, avec deux ou trois compagnes, de créer une association qui doit s'opposer aux prospecteurs recherchant les éventuelles candidates au départ pour le Moyen-Orient.

## EUROPE

### MARIA LOURDES PINTASILGO : UN ENGAGEMENT UNIVERSEL

Elle s'appelle Maria de Lourdes Pintasilgo. Candidate aux élections présidentielles de février 1986, cette femme, une des rares à se présenter dans le monde à ce poste, est connue comme une chrétienne fervente dont le chemin est de rassembler dans un seul sillon sa vie militante et évangélique.

Elle est née en 1930, un 18 janvier. Alors que les petites filles prennent des voies bien différentes, elle devient ingénieur, ce qui n'est pas courant pour une femme dans ce petit pays qui subit la dictature du docteur Salazar. Elle s'engage aussi avec les jeunes et devient présidente de la Jeunesse universitaire catholique féminine de 1952 à 1956.

En 1956, elle est élue pour deux ans présidente internationale de Pax Romana (Mouvement international des étudiants catholiques). A partir de 1961, elle accède à la responsabilité d'une équipe du GRAAL. Elle en sera vice-présidente internationale en 1965. L'année suivante elle adhère au " groupe féminin de liaisons de Santa-Sé " et du Conseil œucuménique des Eglises ".

Après la Révolution des Oeillets le 25 avril 1974, le réveil du Portugal d'une longue nuit de dictature lui permet d'exercer ses multiples compétences. Membre du Conseil de la presse en 1975, membre du Conseil exécutif de l'UNESCO de 1976 à 1980, à partir de 1982, elle participe au Conseil de la direction de l'institut politique mondial. Elle est aussi présente au Conseil de l'Université des Nations-Unies, ainsi qu'au Conseil inter-action des anciens chefs du gouvernement. En 1984, elle entre à la Fondation Europe-Amérique latine. Et la même année au Club de Rome.

Professionnellement, après son diplôme d'ingénieur, après l'Institut de la haute-culture et de l'énergie nucléaire, elle entre en 1951 comme chef de service du Département d'études et recherches de la Compagnie Fabril où elle reste durant six ans.

C'est aussi l'époque où Maria commence à s'investir dans la politique en devenant " présidente de la Commission inter-ministérielle pour la définition d'une politique sociale par rapport à la femme ". Ce qui l'amène presque naturellement, à la chute de la dictature, à devenir secrétaire d'Etat à la Sécurité Sociale en 1974, puis, ministre des Affaires sociales en 1971-1975. Enfin, elle devient ambassadrice du Portugal à l'Unesco jusqu'en 1979. Elle quitte alors son poste pour être Premier mministre, puis à partir de 1981, elle sera conseillère du président Eanes. Et c'est en 1985 qu'elle décide elle-même d'être candidate, en dehors de tout parti politique afin de réunir le peuple de ce petit pays pauvre où elle voudrait valoriser davantage les ressources humaines. Dans un débat très politisé, sans moyens, elle échoue. Même si un grand élan de la population s'accorde à reconnaître qu'elle est très différente des autres candidats.

En 1987, élue dans les rangs socialistes, elles siège comme députée européenne au Parlement de Strasbourg.

Figure universelle, Maria de Lourdes Pintasilgo a, de la politique, un sens éthique très profond. Etre au service des autres pour une justice plus grande. Un visage de femme passionnant et vivant.

**MARIA DE LOURDES PINTASILGO :**
**AMELIORER LA VIE POUR LE BIEN DES AUTRES.**

**Une génération modelée par les valeurs du christianisme.**

" J'ai une certaine retenue quand il faut parler de ma condition de catholique dans un cadre spécifiquement politique. Je ne veux pas que l'on pense que je profite de cela. Cependant la vérité est que mon intervention politique est bien liée au fait d'être chrétienne.

J'appartiens à une génération qui a été marquée par la vie interne de l'Evangile au service de la communauté. Ma génération est celle de l'action catholique, quand celle-ci était un mouvement de masse enraciné dans de nombreux secteurs de la vie portugaise.

Cela a été une génération profondément modelée par la conviction que les valeurs nées du christianisme devaient animer la société dans le sens de ce qui nous engage à l'améliorer pour le bien des autres et à son service dans les diverses structures où nous agissons. Pour cela il y a en moi quelque chose d'inséparable qui me motive en partant de ma foi et qui me donne une motivation strictement humaine de l'intervention dans la vie sociale et qui m'amène à rencontrer des non-chrétiens en m'obligeant à respecter leurs motivations. "

***Extrait du Jornal de Noticias***
***PORTO - Portugal.***

## JEANNETTE LAOT : UNE OS DEVENUE CONSEILLERE DU PRESIDENT.

Après avoir été dirigeante à la CFDT, en 1981, Jeannette Laot, une OS (ouvrière spécialisée) des tabacs, a été nommée à l'Elysée. Dans un livre " Stratégie pour les femmes ", elle écrit :

“ Le militant est trop pris par la lutte, trop habitué à voir les choses d'un point de vue collectif pour aimer se raconter. Il ne prend pas la parole à titre individuel, mais s'exprime au nom des travailleurs qu'il représente. De plus, personnellement — et cela s'explique peut-être par mon passé — je n'ai pas le goût de l'anecdote. je sais que l'environnement pèse sur moi et me façonne, j'en tire la leçon, mais j'oublie au fur et à mesure les détails de chaque expérience. Au-delà de leur importance essentielle dans la réalité vécue, ils ne m'intéressent pas en tant que tels; c'est de la “ petite histoire ” qui n'a d'intérêt que pour moi et mes souvenirs...

Si j'ai accepté de réaliser ce livre, c'est pour démontrer qu'une femme, qui n'y est pas spécialement préparée par son milieu et son éducation, peut mener une action syndicale, y découvrir les problèmes des femmes et se battre pour les faire reconnaître par le mouvement syndical.

Mon passé montre bien que si j'ai d'abord adhéré à la lutte ouvrière pour plus de justice, je me suis aussi engagée en tant que femme; mon adolescence sans père, le milieu professionnel très particulier dans lequel je suis entrée m'y ont poussée; mon tempérament aussi sans doute, car dans la même situation, d'autres n'auraient pas forcément fait la même chose (mes frères et sœurs ont suivi des chemins très différents).

Au départ, j'ai été profondément marquée par une famille où l'on avait le sens de l'honnêteté, de la justice, du travail, où l'on recherchait l'intérêt collectif avant l'intérêt individuel. Personne de ma famille, dans la génération de mes parents, ne s'est enrichi, mais chacun a pris des initiatives pour ne pas subir sa vie et tenter de se réaliser.

J'ai d'abord agi pour ma famille, d'autant plus que nous étions “ orphelins ”, avant de participer au combat collectif des travailleurs, en y ajoutant ensuite celui des femmes. J'ai toujours été amenée à franchir des étapes, non par une démarche théorique, mais en tirant de mon expérience concrète individuelle et collective, des éléments me permettant d'aller plus loin, et d'intégrer ainsi les expériences, les réflexions, d'autres courants, du mouvement ouvrier. C'est d'ailleurs la grande force de tout militant syndicaliste : toujours confronter la théorie à son expérience, à sa pratique.

Mais en réalité je n'ai pas tellement eu le choix. Ai-je même choisi entre l'usine et la boucherie : mon tempérament me poussait à franchir les obstacles. Les gens que j'ai connus dans le passé, à Landerneau ou à Morlaix, et qui me rencontrent maintenant, disent qu'ils me reconnaissent bien, je suis bien la même, mais je me suis construite à travers l'action syndicale et, notamment, la lutte pour les travailleurs avec la CFDT et en son sein.

Si je n'avais pas eu le tempérament, je n'aurais jamais pu mener une action difficile, lente, d'autant plus dure que le débat était interne et que rien n'en filtrait à l'extérieur. Car j'étais convaincue que la lutte pour la libération des travailleurs, indissociable de celles des femmes, exigeait le respect des règles de fonctionnement des organisations syndicales; face à l'adversaire, elles sont la condition de leur force.

Je m'y suis impliquée entièrement parce que c'était pour moi la seule manière de trouver ma cohérence, de continuer à vivre. Je l'ai dit, je n'ai jamais dissocié l'expérience résultant de ma vie privée de celle de ma vie de militante : il y a un rapport dialectique entre la lutte que je menais et la construction de ma personnalité, et je me suis enrichie sur tous les plans. J'ai porté à ma façon — c'est-à-dire passionnément, agressivement comme toute minorité sûre de son bon droit, complexée — ma condition d'OS, de femme, d'orpheline, de Bretonne, de militante à la CFDT. A cause de mon expérience personnelle, j'étais extrêmement sensible aux rapports de pouvoir, à tout ce qui accentue les situations de subordination. Dans la vie quotidienne, je fonctionne souvent à partir de refus, et comme il y a des compromis que je ne peux accepter, j'ai été amenée à chercher, dans toutes les directions, les éléments d'analyse susceptibles de me permettre d'appréhender la totalité de la réalité vécue par les femmes de la classe ouvrière, afin de la maîtriser et de définir une action cohérente avec nos objectifs, non seulement pour moi, mais pour toutes les travailleuses.

Mon objectif aurait cependant été très différent si je n'avais pas choisi la lutte syndicale, si, par exemple, je m'étais retrouvée au foyer avec une famille nombreuse. Beaucoup de mères au foyer ont un vie très active et enrichissante. Elles sont amenées, elles aussi, à chercher des informations, à acquérir des connaissances pour être capables de suivre leurs enfants, de communiquer avec eux, mais également une activité dans leur quartier ou leur commune et ne se sentent absolument pas en situation de dépendance économique, puisqu'elles sont reliées à la vie sociale et que ce qu'elles font est utile et indipensable. Bref, ce sont des femmes équilibrées, réalisées, qui ont une dimension humaine importante. Cette voie aurait pu être la mienne. Compte tenu de ce que je suis, j'aurais sans doute cherché à comprendre ma situation, à l'analyser, à partager avec d'autres ma recherche d'informations et mon expérience : se construire pour les siens et pour soi est important.

Mais, si grande soit-elle, la réussite individuelle n'est bénéfique que pour quelques-uns. Elle permet de rejoindre le groupe dominant et va souvent à l'encontre de la promotion collective, car elle conforte la société inégalitaire et l'exploitation de la majorité; elle n'enrichit donc pas la lutte, et n'aide pas ceux qui ont des responsabilités économiques et sociales à intégrer de nouvelles données. Elle n'est pas communiquée au mouvement collectif qui tend à modifier profondément la société pour créer les conditions d'une autre vie.

Or, la lutte collective est indispensable pour que ce que nous souhaitons pour nous-mêmes soit possible pour tous.

Aujourd'hui, dans quelle mesure une femme de la classe ouvrière peut-elle se construire à travers des choix ? La société capitaliste fondée sur l'exploitation, donc la destruction des travailleurs est dans l'impossibilité, sans entrer en contradictions avec elle-même, de réunir les conditions nécessaires pour que nous, hommes et femmes de la classe ouvrière, puissions construire notre personnalité, sans renier notre classe, sans passer par le groupe des forces dominantes.

Alors, il convient d'agir pour une société nouvelle, où chacun puisse se réaliser, autrement que ceux qui sont aujourd'hui les tenants du pouvoir, car aliénés dans son exercice, ils sont incapables d'imaginer un autre type de rapports sociaux, un autre type de développement, un nouvel ordre économique. Mais en posant ainsi le problème, nous demandons au mouvement ouvrier d'avoir une stratégie de transformation de la société, en prise sur la réalité économique, sociale, politique, actuelle et étroitement liée avec les objectifs poursuivis.

La lutte des femmes s'insère dans cette lutte, elle en est l'un des pivots. Faute d'en être conscients et prendre à bras-le-corps cet immense problème, nous ne construirons pas la société égalitaire à laquelle une majorité de citoyens aspire dans ce pays.

Mon but n'est donc pas d'ajouter quelques idées, la somme d'une expérience individuelle, aux courants de pensée féministe.

Ouvrière, j'ai d'abord adhéré à l'action syndicale pour participer à la lutte des travailleurs pour leur libération. Et à l'intérieur de cette lutte, j'ai découvert les problèmes des femmes. Pour moi, ces deux luttes restent indissociables. La classe ouvrière ne se libérera pas si une moitié d'elle-même reste subordonnée à l'autre, ou plutôt si elle ne remet pas en cause tous les rapports de domination.

Et si nous avons mené pendant plusieurs années cette action à l'intérieur de notre organisation syndicale pour qu'elle les relie étroitement, c'est parce que nous sommes convaincues qu'elle est vitale pour la lutte d'ensemble, et cette conviction se renforce au fur et à mesure que se construit la perspective du socialisme autogestionnaire. Nous pouvons affirmer — ce livre le démontre — que libération des femmes et lutte de classe pour une société autogestionnaire sont et constituent une seule et même lutte.

***tiré de " Stratégies pour les femmes "***
***de Jeannette LAOT -Stock-***

## YVETTE ROUDY : QUAND LA SOLITUDE S'ACCROIT

**Ministre des droits de la femme, Yvette Roudy, tout en ayant un portefeuille de 1981 à 86, n'en a pas pour le moins pris sa plume.**

" Lorsqu'on est parvenu à un certain niveau de responsabilités la solitude s'accroît. Sans doute est-ce un lieu commun d'affirmer que le pouvoir engendre la solitude mais encore faut-il en faire l'expérience pour le comprendre. Aussi puissamment aidé soit-on, entouré, conseillé, pris en charge même, les décisions importantes se prennent toujours seule et surtout on les assume seule. Le sentiment de solitude devient alors tout à fait naturel. La responsabilité s'assortit de gratifications mais aussi de coups à prendre si on se trompe et si on s'est trop exposé. Là réside sans doute la différence entre les conseillers et ceux qui sont en première ligne. Les uns à l'arrière, les autres sous le feu. Il faut éviter toute confusion car le jour où la sanction tombe, si sanction il y a, celui qui tient le " premier plan " pourra disparaître purement et simplement, s'il n'a pas su se protéger. Et là nous touchons du doigt les limites de ce qu'on appelle la solidarité ou la responsabilité collective. En ce qui concerne les femmes de pouvoir, les choses sont encore plus délicates. La différence tient au fait que les hommes, habitués depuis des millénaires à la pratique du pouvoir et ayant donc eu le temps de l'apprivoiser et de l'aménager, possèdent mieux l'art de l'esquive. En outre, ils savent très bien se réserver des espaces de repos, des aires de détente pour reprendre des forces. C'est ce qu'on appelle le repos du guerrier. Le repos de la guerrière n'a pas encore été " prévu " ! Il est très rare qu'une femme puisse s'appuyer sur quelqu'un à qui elle se raconterait dans le désordre, indéfiniment, sans précaution, en sachant qu'elle trouverait totale indulgence et compréhension chaleureuse. On a des amis, des compagnons mais il est rarissime de pouvoir compter sur cet autre soi-même. J'ai cette chance. Depuis plus de trente ans, Pierre est cette présence chaleureuse, gaie, ne posant pas de questions, se refusant à la critique ou au blâme, mais offrant la complicité silencieuse et le foyer où la guerrière trouve toujours un refuge.

Les situations de pouvoir changent la face des choses et leur éclairage. Lorsque l'on y accède, qu'on le veuille ou non, l'attitude de l'entourage se modifie. Même si — comme c'est mon cas — on se répète chaque matin que rien n'est plus fragile qu'une position ministérielle, qu'elle ne comporte aucune sécurité d'emploi, qu'elle est une simple parcelle de pouvoir déléguée par le président et qu'il peut la reprendre comme il l'a donnée. Ces réflexions n'empêchent nullement d'apprécier l'immense plaisir — en dépit des difficultés — de servir le projet dont on a rêvé pendant des années. Bref, quel que soit le désir qu'on ait de garder les pieds sur terre et la tête sur les épaules, l'attitude des " autres " — de tous les autres —, même les plus proches — évolue et parfois radicalement.

L'image ministérielle qu'on vous renvoie est d'ailleurs à double tranchant. Certains vous croient douée de pouvoirs infinis et s'imaginent trouver auprès de vous de quoi satisfaire toutes leurs demandes. Parmi ceux-là j'identifierai les quémandeurs de la première heure qui m'ont accablée de " placets " alors que je n'avais pas encore de bureau ! Demandes impératives de gens parfois très proches qui ne pouvaient comprendre comment quarante-huit heures après ma nomination je n'arrivais pas à combler tous leurs désirs. La fonction dès lors est en cause. Autant il est important de savoir se confondre avec la fonction, autant il est nécessaire d'être capable de faire la différence. La " sacralisation " qui entoure la fonction est parfois difficile à vivre, parfois tout à fait cocasse.

Tout à coup aux yeux de certains, y compris de ses proches, on devient quelqu'un avec qui il n'est plus possible d'être naturel. Ceux qui tout au long de ma vie n'avaient pas eu de mots assez perfides pour qualifier mon inaptitude à gérer mon existence — " toujours à traîner sur les routes, à faire de la politique " — ont changé du jour au lendemain. J'étais devenue quelqu'un de très convenable, de très respectable, de très fréquentable.

L'autre attitude, qui n'est guère plus facile à aborder, consiste à considérer que vous faites quasiment partie comme ministre du domaine public, du patrimoine...et qu'il n'y a aucun gant à prendre avec vous. C'est ainsi que de parfaits inconnus — adversaires politiques ou amis — en viennent presque à vous taper dans le dos tant la familiarité va de soi avec un membre du gouvernement pour lequel on a eu au demeurant peu de considération — snobisme oblige. Enfin chez les opposants on trouve des partisans du " consensus " avec lesquels on peut faire un bout de chemin, mais aussi des adversaires le plus souvent haineux.

Trois images qui ne sont sans doute pas aimables mais avec lesquelles il faut travailler et surtout tenter de vivre normalement. Mais il est des choses désormais interdites. J'ai dû faire une croix sur mes vacances au Club Méditerranée. De ma carrière furtive de GO (en 1968) j'ai gardé le goût des vacances brèves et sportives dans les villes du Club. Mais mon dernier séjour à Djerba m'a montré qu'il n'en était plus question. Après trois jours de relative clandestinité, j'ai vite compris que c'en était fait de mon repos.

Ainsi, quel que soit le désir ou la volonté que j'ai de mener une vie " normale ", il est désormais des choses que je ne peux plus faire : aller dans certains hôtels, me déplacer seule alors que j'adore baguenauder dans les rues. La seule chose à laquelle je ne renoncerai pas, c'est mon marché du dimanche matin. J'ai la chance d'habiter Paris d'abord, Montparnasse ensuite : une grande ville, un quartier où le respect de l'autre a encore une signification. Je m'y sens toujours bien. Mais la fonction ne crée pas que des contraintes extérieures, elle oblige aussi à une discipline intérieure qu'on acquiert lentement mais inexorablement. Et s'il est vrai " qu'on ne peut plus vivre comme avant ", si le poids des contraintes devient par trop écrasant, la démission s'offre toujours à vous... mais j'observe que c'est rarissime.

Mon mari n'aime pas la vie publique. C'est un homme tout à fait extraordinaire en privé, dans un tête-à-tête, un contemplatif qui n'est jamais aussi heureux que dans l'écriture ou au milieu de ses étudiants. En revanche, il ne supporte pas les obligations et les contraintes inhérentes à mes fonctions. Ce n'est pas qu'il craigne d'être en situation de " prince consort ". Son partage entier de mon combat et son sens de l'humour le situent bien au delà de ces considérations médiocres. C'est un solitaire et un nocturne qui déteste les feux de la rampe et les crépitements du pouvoir ! Il revendique donc la liberté de ne pas me suivre dans mes déplacements publics. Et je ne vois pas au nom de quoi j'insisterais. J'ai assez vu de ces épouses, contraintes de vivre dans l'ombre de leurs hommes en situation de pouvoir, pour avoir la moindre tentation d'imiter leur comportement. Je serais au demeurant particulièrement ingrate d'oublier quelle fut mon indépendance depuis le début de notre rencontre et surtout quel soutien sans faiblesse il fut au cours des années difficiles. Dans bien des couples traditionnels — où c'est l'homme qui est en situation de pouvoir — l'épouse, quand elle a un métier auquel elle tient beaucoup et une personnalité certaine, ne se plie pas à toutes les contraintes protocolaires. Même si on lui dit que la fonction de son mari l'exige. Et les mœurs sont encore telles que ce comportement " égoïste " peut avoir des conséquences tout à fait disproportionnées. Je me souviens d'un couple d'amis dont la femme — trop préoccupée par sa propre situation — aurait brisé la carrière préfectorale de son mari pour avoir refusé de jouer le jeu. Le rôle de représentation et d'organisation d'une épouse de préfet ou d'ambassadeur est en effet très lourd. Traditionnellement on considère que c'est là une fonction et que l'Etat s'offre deux personnes pour un seul salaire. Position intenable, car comment procéderaient les préfets et ambassadeurs célibataires ? Devra-t-on aussi envisager que les maris des futures ambassadrices et préfètes inaugurent crèches et chrysanthèmes tout en composant menus et plans de table pendant que les épouses présenteront leurs lettres de créance ?

***Extrait " A cause d'Elles "***
***Yvette Roudy, Albin Michel.***

## CONCLUSION — X

# UN VOYAGE QUI N'EST PAS TERMINE

Ce périple dans un monde de femmes où nous avons vu qu'elles étaient à la fois abeilles et fourmis, est bien entendu limité dans la mesure où il n'est guère possible de traiter chaque pays.

Nous avons essayé, autant que faire se peut, de réaliser un équilibre continental. Les femmes dont nous avons transcrit les témoignages vivent dans les cinq continents.

L'enjeu de cet ouvrage était de les montrer dans les terrains où elles investissent tant d'heures, tant d'énergies, tant de courage et cela parfois sans que cela soit connu ou retenu. Nous voulions rendre visible ce travail souvent invisible et clandestin qui participe au développement intégral de l'humanité.

Nous avons également essayé de faire en sorte que les rapports élaborés pour les différentes familles des Nations Unies pendant la décennie de la femme, ne soient pas condamnés à rester dans des tiroirs. Ils sont une source inestimable de données et de vécu sur la place des femmes dans différents secteurs d'activité. C'est donc en partant de ces précieux documents qu'ont été présentés les différents chapitres concernant les champs d'activités des femmes. Merci aux experts et aux expertes et à l'ONU pour avoir fourni cette matière grise et ces exemples de terrain que ne voulont amener à redécouvrir par ceux et celles qui les connaissent. Et à regarder de près pour les autres qui n'ont pas eu la chance de les lire.

Ne pouvant nous-mêmes réaliser ce type d'études, nous tenons à dire combien elles nous ont été utiles dans notre tâche, et qu'il faudrait les valoriser.

Sans tomber dans le féminisme outrancier, mais heureuses et fières d'être des femmes, nous souhaitons que ce livre contribue à faire prendre conscience de la vie quotidienne de nos compagnes quel que soit l'endroit où elles vivent. Le décennie de la femme s'est terminée en 1985, mais personne ne pourra arrêter la marche des femmes pour l'égalité. Les stratégies pour l'an 2000, décidées à Nairobi ne doivent pas être lettres mortes ou mots sans réalités. L'égalité la paix et le développement sont les grandes lignes d'un cheminement nécessaire pour la survie de notre planète. Prendre en compte l'immensité de ce qui est réalisé par les femmes est un acte de justice. Il en va de l'avenir du monde. Imaginons ce que serait celui-ci si soudainement toutes les femmes cessaient en même temps, partout toutes leurs activités.

Dans leur famille, comme à l'extérieur la planète pourrait basculer...

Que cet ouvrage permette au moins d'avoir présent cette idée, être femme est un statut à part entière. C'est la conviction des trois rédactrices de ce livre en espérant qu'il soit aussi l'affaire des hommes comme celui des femmes. De la même manière que les femmes ont participé au combat des droits de l'Homme, les hommes pourraient aussi être davantage partie prenante de cette lutte pour le respect des droits humains. Et pas seulement ceux qui, parce que père de filles, prennent conscience de multiples inégalités qui attendent leur bébé au féminin.

ANNEXE

# CONVENTION SUR L'ELIMINATION DE TOUTES LES FORMES DE DISCRIMINATION A L'EGARD DES FEMMES

" *Le développement complet d'un pays le bien-être du monde et la cause de la paix demandent la participation maximale des femmes, à égalité avec les hommes, dans tous les domaines.*

(Préambule de la Convention)

# INTRODUCTION

Dans ce monde en rapide évolution, une nouvelle ère s'est ouverte pour les femmes. Les femmes dont les droits ont toujours été limités, s'élèvent maintenant contre l'inégalité et exigent le droit de participer au développement de leur pays au même titre que les hommes.

Des inégalités existent toujours, malgré les efforts entrepris de longue date pour améliorer la condition de la femme. Cependant, au cours des dernières années, un nombre croissant de femmes ont décidé qu'elles ne seraient plus exclues de la vie politique, économique et sociale. Nombreux sont les gouvernements qui se rendent de mieux en mieux compte qu'aucune société ne peut se permettre de gaspiller la moitié de ses ressources humaines en exerçant une discrimination fondée sur le sexe.

L'Organisation des Nations Unies a toujours eu pour objectif d'assurer l'égalité des droits des hommes et des femmes, et a travaillé dans le cadre de la Commission de la condition de la femme en vue de l'atteindre. Depuis sa création, en 1946, la Commission s'efforce de mettre en évidence tous les domaines dans lesquels les femmes ne jouissent pas de l'égalité par rapport aux hommes et consacre ses efforts à obtenir cette égalité. Ces efforts ont abouti, entre autres, à l'adoption de plusieurs déclarations et conventions. La Convention sur l'élimination de toutes les formes de discrimination à l'égard des femmes constitue la somme de ces textes, et ces dispositions sont étudiées en détail dans la présente publication.

## BUT DES NATIONS UNIES

Un des buts des Nations Unies, énoncé dans le Préambule de la Charte, est le suivant. *Proclamer à nouveau notre foi dans les droits fondamentaux de l'homme, dans la dignité et la valeur de la personne humaine, dans l'égalité des droits des hommes et des femmes.*

## CONSEIL ECONOMIQUE ET SOCIAL

L'organe des Nations Unies chargé du programme des Droits de l'homme est le Conseil économique et social.

## CHARTE

En vertu de l'Article 68, la Charte donne pouvoir au Conseil d'instituer des commissions consultatives dans des domaines spécifiques. Le Conseil a créé la Commission de la condition de la femme en 1946 qui est la commission technique chargée de donner des avis sur les problèmes concernant la condition de la femme.

## COMMISSION DE LA CONDITION DE LA FEMME

Les fonctions de la Commission sont les suivantes :

- Elaborer des recommandations et préparer des rapports à l'intention du Conseil sur la promotion des droits de la femme dans les domaines politique, économique, civil, social et éducatif.
- Faire des recommandations concernant les problèmes urgents qui exigent que soient prises des mesures immédiates dans le domaine des droits de la femme, et formuler des propositions pour donner effet à ces recommandations en vigueur.

Une partie des activités entreprises par la Commission pour promouvoir les droits de la femme a abouti à l'adoption d'une série d'instruments, notamment :

La *Convention sur les droits politiques de la femme*, adoptée par l'Assemblée générale en 1952, prévoit que les femmes auront les mêmes droits que les hommes pour voter, se faire élire comme représentant de collectivités publiques, occuper un emploi public et exercer des fonctions publiques (90 ratifications ou adhésions au 1er juillet 1982).

La *Convention sur la nationalité de la femme mariée*, adoptée par l'Assemblée générale en 1957, prévoit que la femme qui épouse un homme d'une autre nationalité ne changera pas automatiquement de nationalité (54 ratifications ou adhésions au 1er juillet 1982). Une autre convention adoptée en 1962 indique qu'aucun mariage ne sera légal sans le consentement total et libre des deux parties, exprimé en personne (31 ratifications ou adhésions au 1er juillet 1982).

La *Déclaration sur l'élimination de la discrimination à l'égard des femmes*, adoptée par l'Assemblée générale en 1967, prévoit une norme commune d'application pour tous les peuples et toutes les nations.

Etant donné que cette déclaration n'a pas force obligatoire, la rédaction de la *Convention sur l'élimination de toutes les formes de discrimination à l'égard des femmes* a commencé en 1974, et cet instrument qui a force obligatoire, a été adopté par l'Assemblée générale en 1979.

La Commission se réunit tous les deux ans pour examiner les progrès réalisés dans le monde entier par les femmes dans le domaine de l'égalité; outre la rédaction de ces conventions la Commission formule des recommandations visant à améliorer la condition de la femme dans la pratique.

La Commission a recommandé que soit proclamée l'Année internationale de la femme en 1975. La même année, la Conférence mondiale sur l'Année internationale de la femme s'est tenue à Mexico et a adopté la Déclaration de Mexico, qui contient les principes d'égalité entre les hommes et les femmes et de leur contribution au développement et à la paix, ainsi que le Plan mondial d'action, qui énonce des directives et des objectifs permettant d'améliorer la condition de la femme. La Conférence mondiale a également recommandé que soit proclamée la Décennie pour la femme 1976-

1985, qui invite à un effort soutenu pour appliquer le Plan mondial d'action.

La Conférence mondiale de la Décennie des Nations Unies pour la femme s'est tenue à Copenhague en 1980; elle avait pour objet l'examen des progrès accomplis pour atteindre les buts énoncés en 1975. Le Programme d'action oour la seconde moitié de la Décennie a défini les domaines spécifiques et prioritaires d'action.

Une seconde conférence mondiale a eu lieu en 1985, à la fin de la Décennie, afin de décider de nouvelles mesures à prendre et d'examiner les progrès accomplis depuis 1975.

La Convention comprend un préambule et trente articles. Les articles 1 à 16 ont trait aux mesures spéciales qui doivent êtres prises par les Etats parties à la Convention, et les articles 17 à 30 décrivent la procédure de mise en œuvre de la Convention par les Etats qui y sont parties.

**PREAMBULE**

Dans le préambule, les Etats parties à la Convention réaffirment les principes contenus dans la Charte des Nations Unies, dans la Déclaration universelle des droits de l'homme, dans les pactes internationaux relatifs aux droits de l'homme et autres conventions internationales, déclarations, résolutions et recommandations adoptées par divers membres du système des Nations Unies pour promouvoir l'égalité des droits de l'homme et de la femme.

Les Etats parties à la Convention notent avec inquiétude qu'en dépit de ces divers instruments internationaux les femmes continuent de faire l'objet de discrimination.

Ils rappellent que la discrimination à l'égard des femmes viole les principes de l'égalité des droits et du respect de la dignité humaine et qu'elle entrave la participation des femmes, dans les mêmes conditions que les hommes, à la vie politique, sociale, économique et culturelle de leur pays. La discrimination empêche les femmes de servir leur pays et l'humanité dans toute la mesure de leurs possibilités et fait obstacle au progrès du bien-être de la société et de la famille.

Les Etats parties constatent avec inquiétude que, dans des conditions de pauvreté, les femmes souffrent du manque, entre autres, de nourriture, de soins de santé, de formations ainsi que de possibilités d'emploi.

Ils sont convaincus que l'instauration d'un nouvel ordre économique international comblerait le fossé entre pays développés et pays en développement et contribuerait de façon significative à promouvoir l'égalité entre les hommes et les femmes.

Les Etats parties soulignent que l'élimination de *l'apartheid* de toutes formes de racisme, de discrimination raciale, de colonialisme, de néocolonialisme, d'agression, d'occupation et de domination étrangères et d'ingérence dans les affaires intérieures des Etats est indispensable à la pleine jouissance de leurs droits par l'homme et la femme.

Ils affirment que la promotion du progrès social et du développement contribuera à la réalisation de la pleine égalité entre l'homme et la femme en renforçant la paix et la sécurité internationales, en relâchant la tension internationale, en favorisant la coopération entre tous les Etats, le désarmement général et complet, et, en particulier, le désarmement nucléaire, et reconnaissent le droit de tous les peuples à l'autodétermination et à l'indépendance.

Ils sont convaincus que *le développement complet d'un pays, le bien être du monde et la cause de la paix demandent une participation maximale des femmes, à égalité avec les hommes, dans tous les domaines.*

Les Etats parties soulignent, par ailleurs, l'importance de la contribution des femmes au bien être de la famille et au progrès de la société, et le rôle essentiel du père comme de la mère dans l'éducation des enfants.

Ils ont conscience que le rôle traditionnel de l'homme dans la famille et dans la société doit évoluer autant que celui de la femme si l'on veut parvenir à une réelle égalité de l'homme et de la femme.

## DISCRIMINATION (Article premier)

Par l'expression " discrimination à l'égard des femmes " on entend toute distinction, exclusion ou restriction fondée sur le sexe qui a pour effet ou pour but de compromettre ou de détruire la reconnaissance, la jouissance ou l'exercice par les femmes, quel que soit leur état matrimonial, sur la base de l'égalité de l'homme et de la femme, des droits de l'homme et des libertés fondamentales dans les domaines politique, économique, social, culturel et civil ou dans tout autre domaine.

## EGALITE DES DROITS (Articles 2 à 16)

Ces articles traitent des mesures qui doivent être prises pour assurer à la femme des droits égaux à ceux de l'homme en ce qui concerne la vie politique et publique, la nationalité, l'éducation, l'emploi, la santé, la vie économique et sociale, la législation et le mariage, et la famille, et tiennent compte des problèmes particuliers des femmes rurales.

## MESURES POLITIQUES (Article 2)

La discrimination à l'égard des femmes sous toutes ses formes est condamnée, et les Etats parties conviennent de s'engager à :

- Inscrire dans leur constitution nationale, code civil, ou tout autre loi, le principe de l'égalité des hommes et des femmes pour assurer l'application du dit principe;
- Adopter une législation appropriée interdisant toute discrimination à l'égard des femmes;
- Garantir, par l'établissement de tribunaux, la protection juridique des femmes contre la discrimination;
- S'assurer que les autorités publiques et les institutions publiques s'abstiennent de tout acte ou de toute pratique discrimination à l'égard des femmes;
- S'assurer que tout acte discriminatoire pratiqué à l'égard des femmes par des personnes, des organisations ou des entreprises est éliminé;
- Abroger toutes les dispositions pénales qui constituent une discrimination à l'égard des femmes.

## GARANTIE DES DROITS DE L'HOMME ET DES LIBERTES FONDAMENTALES (Article 3)

Pour garantir aux femmes les Droits de l'homme et les libertés fondamentales, sur la base de l'égalité avec les hommes, les Etats parties à la Convention modifieront en conséquence leur législation.

## MESURES SPECIALES (Article 4)

Les mesures temporaires spéciales visant à accélérer l'égalité des femmes et toutes les mesures prises pour protéger la maternité ne seront pas considérées comme un acte discriminatoire.

## ROLE DU SEXE (Article 5)

Tous les Etats parties à la Convention prendront les mesures voulues pour :

- Parvenir à l'élimination de toutes les pratiques fondées sur l'idée de l'infériorité ou de la supériorité de l'un ou l'autre sexe ou d'un rôle stéréotypé des hommes et des femmes;
- S'assurer que l'éducation familiale enseigne que les hommes et les femmes ont une responsabilité commune dans le soin d'élever leurs enfants.

## PROSTITUTION (Article 6)

Toute les mesures appropriées, y compris des dispositions législatives, devraient être prises pour réprimer, sous toutes leurs formes, le trafic des femmes et l'exploitation de la prostitution des femmes.

## VIE POLITIQUE ET PUBLIQUE (Article 7)

Les femmes prendront part, dans des conditions d'égalité avec les hommes, à la vie politique et publique du pays, et auront le droit :

- De voter à toutes les élections et dans tous les référendums publics et d'être éligibles à tous les organismes publiquement élus;
- De prendre part à l'élaboration de la politique de l'Etat et d'occuper des emplois publics à tous les échelons;
- De participer aux organisations non gouvernementales s'occupant de la vie publique et politique du pays.

## REPRESENTATION (Article 8)

Les femmes auront la possibilité de représenter leur gouvernement sur le plan international et de participer aux travaux des organisations internationales.

**NATIONALITE (Article 9)**

Les femmes auront des droits égaux à ceux des hommes en ce qui concerne l'acquisition, le changement et la conservation de la nationalité et en ce qui concerne la nationalité de leurs enfants. En particulier, le mariage avec un ressortissant d'une autre nationalité n'obligera pas la femme à changer de nationalité.

**EDUCATION (Article 10)**

Les femmes se verront accorder des droits égaux à ceux des hommes en ce qui concerne l'éducation, et, en particulier :

- L'orientation professionnelle;
- Les programmes, les examens, l'enseignement par un personnel qualifié, et l'application des mêmes critères pour les locaux et l'équipement scolaires;
- L'octroi de bourses et autres subventions pour les études;
- Les programmes d'éducation permanente, y compris les programmes d'alphabétisation;
- La réduction des taux d'abandon féminin des études;
- Les mêmes possibilités de participer activement aux sports et à l'éducation physique;
- L'accès à des renseignements permettant d'assurer la santé et le bien être des familles, y compris des conseils relatifs à la planification de la famille.

**EMPLOI (Article 11)**

Des mesures seront prises pour éliminer la discrimination à l'égard des femmes dans le domaine de l'emploi, afin d'assurer les droits suivants :

- Le droit au travail;
- Le droit aux mêmes possibilités d'emploi que les hommes;
- Le droit au libre choix de la profession et de l'emploi; à la promotion; à la stabilité de l'emploi; à toutes les prestations et conditions de services; le droit à la formation professionnelle et au recyclage, y compris l'apprentissage; le perfectionnement professionnel; et la formation permanente;
- Le droit à l'égalité de rémunération, y compris de prestations; à l'égalité de traitement pour un travail d'égale valeur aussi bien qu'à l'égalité de traitement en ce qui concerne l'évaluation de la qualité du travail;
- Le droit à la sécurité sociale;
- Le droit à la protection de la santé et à la sécurité des conditions de travail.

Afin de prévenir la discrimination à l'égard des femmes en raison de leur mariage ou de leur maternité, les Etats parties prendront des mesures appropriées ayant pour objet :

- D'interdire le licenciement pour cause de grossesse, de congé de maternité ou de statut matrimonial;
- D'instituer le congé de maternité payé ou ouvrant droit à des prestations sociales comparables, avec la garantie du maintien de l'emploi antérieur, des droits

d'ancienneté et des avantages sociaux;

- D'encourager la fourniture des services sociaux, en particulier d'un réseau de garderies d'enfants, pour permettre aux parents de combiner les obligations familiales avec les responsabilités professionnelles;
- De garantir une protection spéciale aux femmes enceintes pour lesquelles il est prouvé que le travail est nocif.

Les lois mentionnées ci-dessus visant à protéger les femmes seront revues périodiquement et révisées en fonction des connaissances nouvellement acquises.

**SANTE (Article 12)**

Des mesures seront prises pour éliminer la discrimination dans le domaine des soins de santé en vue d'assurer aux femmes, sur la base de l'égalité, les moyens d'accéder aux services médicaux, y compris ceux qui concernent la planification de la famille.

Des services appropriés seront fournis aux femmes pendant la grossesse, pendant l'accouchement et après l'accouchement, aux besoins gratuits, ainsi qu'une nutrition adéquate pendant la grossesse et l'allaitement.

**AVANTAGES ECONOMIQUES ET SOCIAUX (Article 13)**

Les femmes auront, sur une base d'égalité avec les hommes les droits suivants :

- Prestations familiales;
- Prêts bancaires, prêts hypothécaires et autres formes de crédit financier;
- Participation aux activités récréatives, aux sports et à tous les aspects de la vie culturelle.

**FEMMES RURALES (Article 14)**

Il sera tenu compte des problèmes particuliers qui se posent aux femmes dans les zones rurales et du rôle spécial que ces femmes jouent dans la survie économique de leur famille, notamment par leur travail non rétribué. Par conséquent, les droits suivants devront être reconnus :

- Participer à l'élaboration et à l'exécution des plans de développement à tous les échelons;
- Avoir accès aux services adéquats dans le domaine de la santé, y compris aux informations, conseils et services en matière de planifications de la famille;
- Bénéficier directement des programmes de sécurité sociale;
- Recevoir tout type de formation et d'éducation, notamment pour accroître leurs compétences techniques;
- Organiser des groupes d'entraide et des coopératives en vue de produire un revenu;
- Participer à toutes les activités de la communauté;
- Avoir accès au crédit et aux prêts, aux services de commercialisation, aux technologies appropriées et bénéficier de l'égalité de traitement en ce qui concerne les réformes foncières et agraires et les projets d'aménagement rural;

- Bénéficier de conditions de vie convenables, notamment en ce qui concerne le logement, l'assainissement, l'approvisionnement en électricité et en eau, les transports et les communications.

**LEGISLATION (Article 15)**

La femme jouira de l'égalité avec l'homme devant la loi :

- Elle aura une capacité juridique identique à celle de l'homme et les mêmes possibilités d'exercer cette capacité en ce qui concerne la conclusion de contrats, l'administration des biens et la procédure judiciaire;
- Tout contrat et tout autre instrument privé visant à limiter la capacité juridique de la femme sera déclaré nul et sans effet;
- Les femmes auront le droit de circuler librement et de choisir leur résidence et leur domicile.

**MARIAGE ET FAMILLE (Article 16)**

Les femmes ont les mêmes droits et responsabilités que les hommes en ce qui concerne le mariage et les rapports familiaux, et notamment :

- De contracter mariage;
- De choisir leur conjoint;
- Au cours du mariage et lors de sa dissolution;
- En tant que parents, quel que soit leur état matrimonial;
- De décider librement du nombre et de l'espacement des naissances et d'avoir accès aux informations, à l'éducation et aux moyens nécessaires pour leur permettre d'exercer ces droits;
- En matière de tutelle, de curatelle, de garde et d'adoption des enfants;
- Les mêmes droits personnels que leur mari, y compris en ce qui concerne le choix du nom de famille, d'une profession et d'une occupation;
- En matière de propriété, d'acquisition, de gestion, d'administration, de jouissance et de dispositions de biens.

Un âge minimal sera fixé pour le mariage, et l'inscription des mariages sur un registre officiel sera obligatoire.

**QUELS SONT LES DROITS DE L'HOMME ?**

Les droits de l'homme sont les droits à des conditions de vie (civile, politique, économique, sociale et culturelle) qui permettent le plein développement des qualités d'intelligence et de conscience, de satisfaire les besoins spirituels et de jouir d'un niveau de vie assurant la santé et le bien-être. Les droits de l'homme reposent sur la conviction que la dignité et la valeur d'une personne doivent être respectées et protégées.

Les droits de l'homme concernent la vie quotidienne de chacun — homme, femme, et enfant.

Il s'agit de droits traditionnels (civils et politiques), qui ont évolué au cours des siècles pendant la longue marche en avant de la société, et de droits économiques, sociaux et culturels, qui n'ont été reconnus que plus récemment. Tous ces droits sont cependant de même nature et sont interdépendants.

## QUELS SONT LES DROITS CIVILS ET POLITIQUES ?

Les droits civils et politiques ont trait à la vie, à la liberté et à la sécurité des personnes. Nul ne doit être tenu en esclavage, puni de façon inhumaine ou dégradante ou torturé. Tout le monde doit être égal devant la loi. Nul ne doit être arrêté ou exilé injustement. Tout accusé a le droit d'être jugé de façon équitable et doit être présumé innocent tant que sa culpabilité n'a pas été prouvée.

La vie privée, la famille, le foyer et la correspondance doivent être protégés contre toute ingérence arbitraire.

Toute personne persécutée doit pouvoir chercher asile dans un autre pays. Tout le monde a droit à une nationalité. Tout le monde doit avoir la possibilité de se marier et de fonder une famille, et cette famille doit avoir le droit d'être protégée. Tout le monde a droit à la propriété.

Ces droits comportent également le respect des libertés fondamentales telles que la liberté de pensée, de conscience et de culte, la liberté d'opinion et d'expression, la liberté de se grouper en assemblée et en associations pacifiques, tels que les syndicats.

Tout le monde doit avoir le droit de participer au gouvernement de son pays en obtenant une charge élective et il ne doit y avoir aucune discrimination à l'accès aux emplois publics.

## QUELS SONT LES DROITS ECONOMIQUES, SOCIAUX, ET CULTURELS ?

Ces droits incluent le droit au travail, au libre choix d'un emploi, à des conditions de travail justes et satisfaisantes ainsi qu'à la protection contre le chômage.

Chacun, homme ou femme, doit recevoir le même salaire pour le même travail.

Chacun doit avoir droit au repos et aux loisirs.

Un niveau de vie approprié et permettant de se nourrir, de s'habiller, de se loger, l'accès aux services médicaux et sociaux et à la sécurité sociale constituent également des droits fondamentaux.

Les mères et les enfants devraient avoir droit à une attention et à une assistance particulière.

Chacun doit avoir droit à l'éducation et doit pouvoir participer à la vie culturelle de la communauté.

## QUI DIT QU'IL S'AGIT LA DE NOS DROITS ?

Le concept de droits de l'homme s'est développé au cours des siècles et ces droits figurent dans la législation et la constitution de nombreux pays et sont inscrits dans les statuts des institutions de ces pays. L'Organisation des Nations Unies a proclamé le respect de ces droits dans la Charte et dans la Déclaration universelle des droits de l'homme et les a réaffirmés dans de nombreuses conventions et déclarations.

## QU'EST-CE QU'UN ETAT PARTIE ?

Un Etat partie est un Etat qui a ratifié une convention ou y a adhéré.

## RATIFIER UNE CONVENTION OU Y ADHERER SIGNIFIE :

En vertu de l'article de la Convention de Vienne sur le droit des traités, " ratification " et " adhésion " s'entendent selon le cas de l'acte par lequel un Etat établit au niveau international son consentement a être lié par un traité.

## ETRE SIGNATAIRE D'UNE CONVENTION SIGNIFIE :

Qu'un Etat accepte une convention et a l'intention d'y conformer sa législation nationale. Un Etat signataire d'une convention n'est cependant pas forcément tenu d'en appliquer les dispositions.

## COMITE POUR L'ELIMINATION DE LA DISCRIMINATION A L'EGARD DES FEMMES (Articles 17 à 22)

Les obligations assumées aux termes de la Convention par un Etat partie doivent être appliquées dès que cet Etat ratifie la Convention, bien que certains pays prévoient un délai entre la ratification et l'application. Aux fins d'examiner les progrès réalisés dans l'application de la Convention, un Comité pour l'élimination de la discrimination à l'égard des femmes a été constitué après l'entrée en vigueur de la Convention (16 avril 1982). Les Etats parties éliront vingt-trois experts " d'une haute autorité morale et éminemment compétents dans le domaine auquel s'applique la Convention ", dont les noms seront proposés par leur gouvernement mais qui siégeront à titre personnel. Les membres du Comité seront élus pour quatre ans et les membres du Bureau pour deux ans.

Les Etats parties s'engagent à présenter au Comité, au moins tous les quatre ans, un rapport sur les mesures qu'ils auront adoptées pour donner effet aux dispositions de la Convention. Le Comité se réunira annuellement, normalement pendant une période de deux semaines, pour évaluer, à partir des informations contenues dans ces rapports, les progrès réalisés dans les pays qui sont parties à la Convention.

## COMPOSITION DU COMITE

**Désirée P. Bernard** (Guyana) est juge à la Haute Cour de la Cour suprême du Guyana. Première femme élue présidente de la Law Society of Guyana en 1972.

**Aleksandra Pavlovana Biryukova** (URSS) dirige le Comité permanent du Soviet suprême sur l'emploi et la condition générale de la femme et la protection de la mère et de l'enfant.

**Marie Caron** (Canada), juriste, ancienne présidente de la Fédération libérale des femmes et ancienne vice-présidente du Parti libéral du Canada.

**Irène R. Cortes** (Philippines), professeur à la Faculté de droit de l'Université des Philippines et vice-présidente de la Commission nationale sur le rôle des femmes philippines.

**Faridah Abou El Fetoub** (Egypte) est diplomate et membre du Comité national égyptien pour la promotion de la femme.

**Graciela Escudero Moscoso** (Equateur), qui a longtemps joué un rôle actif à la Commission interaméricaine des femmes, est présidente du Conseil disciplinaire de la Fédération équatorienne des travailleurs sociaux.

**Alda Gonzales Martinez** (Mexique) est ambassadrice chargée des affaires internationales du travail.

**Luvsandanzangyn Ider** (Mongolie) est membre de la mission de la Mongolie auprès de l'Organisation des Nations Unies et a représenté son pays à la troisième Commission de l'Assemblée générale et à la Commission des Nations Unies du développement social.

**Zagorka Illic** (Yougoslavie) a consacré la majeure partie de ses vingt-quatre-ans de carrière aux affaires étrangères, aux affaires sociales et humanitaires dans le cadre des Nations Unies.

**Vinitha Jayasinghe** (Sri Lanka) dirige le Bureau des femmes qu'elle a crée à Sri Lanka.

**Vanda Lamm** (Hongrie) est une juriste qui participe activement aux travaux du Conseil national des femmes hongroises.

**Raquel Maledo de Sheppart** (Uruguay) est une juriste qui a publié plusieurs ouvrages sur la condition de la femme.

**Gian Minquian** (Chine) a occupé divers postes dans son pays à la Fédération des syndicats et à la Fédération des femmes, et a réalisé de longues enquêtes sur le mouvement féminin en Chine.

**Lia Patino de Martines** (Panama) est juriste et dirige l'Office national de la condition de la femme.

**Maria Margarida de Régo da Costa Salema Moura Ribeiro** (Portugal) est juriste et membre du Parlement.

**Landrada Mukayiranga** (Rwanda) dirige la Division de la famille et de l'environnement au Ministère rwandais des affaires sociales et du développement communautaire.

**Nguyen Ngoc Dung** (Viet Nam) a représenté son pays dans de nombreux organismes internationaux, notamment à la Troisième Commission de l'Assemblée générale; elle a été rédacteur en chef d'un périodique et a publié des ouvrages sur le rôle des femmes au Viet Nam.

**Johan Nordenfeldt** (Suède), déléguée à la troisième Commission, a représenté son pays à la Conférence mondiale de la Décennie des Nations Unies pour la femme en 1980.

**Edith Oeser** (République démocratique allemande) professeur de droit international à l'Université Humboldt de Berlin-Est, a participé à des conférences nationales et internationales sur les femmes.

**Vesselina V. Peytcheva** (Bulgarie) est la secrétaire exécutive du Comité du mouvement féminin bulgare et représente ce comité à la Fédération internationale des femmes démocrates.

**Maria Regent-Lechowicz** (Pologne) est juge et membre du Conseil national des femmes polonaises; elle a publié de nombreux ouvrages sur la condition de la femme dans le cadre du droit international.

**Rakel Surlien** (Norvège) est la secrétaire juridique de la Commission permanente de la justice au Parlement norvégien.

**Esther Veliz Diaz de Villalvilla** (Cuba) travaille au Conseil national de la fédération des femmes cubaines depuis vingt ans.

Les membres du bureau suivants ont été élus au cours de la première séance :

— *Présidente :* L. Ider (Mongolie)<br>
— *Vice-présidentes :* M. Caron (Canada)<br>
L. Mukayiranga (Rwanda)<br>
Z. Illic (Yougoslavie)<br>
— *Rapporteur :* D.P. Bernard (Guyana).

## APPLICATION DE LA CONVENTION (Articles 23-30)

Les détails relatifs à l'application de la Convention sont contenus dans les articles 23 à 30.

## PROPOSITIONS D'ACTION INDIVIDUELLE

Les femmes doivent d'abord bien comprendre quels sont leurs droits aux termes de la Convention. Toute femme peut alors faire valoir ses droits à titre individuel ou collectif. Ainsi, si le gouvernement de son pays n'a pas ratifié la Convention ou n'y a pas adhéré, elle peut l'encourager à le faire. Elle peut agir au niveau des collectivités locales, où les femmes ont davantage d'influence. Seule ou avec un groupe de femmes, elle peut s'efforcer de faire redresser la situation si les droits énoncés dans la Convention ne sont pas respectés.

Les femmes peuvent également encourager les établissements scolaires a enseigner les droits de la femme et inciter la presse locale à s'intéresser aux problèmes des femmes.

La promotion des droits de la femme serait peut-être encore plus efficace si les femmes agissaient dans le cadre de divers organismes non gouvernementaux.

Toutes les femmes peuvent s'informer sur ce que font les Nations Unies pour promouvoir leurs droits, outre les responsabilités qui incombent aux collectivités locales et aux pays, et en informer les autres femmes.

Les femmes ne seront véritablement à égalité avec les hommes dans tous les domaines et à tous les échelons de la société que lorsque les droits de la femme seront acceptés dans la même mesure par le monde entier.

D'autre part, elles ne seront pas à même de participer totalement au développement de leur pays ni d'atteindre un objectif universel aussi vital que la paix tant qu'elles ne seront pas à égalité avec les hommes.

On peut se procurer des exemplaires du texte intégral de la Convention en anglais, arabe, chinois, espagnol, français et russe en écrivant à l'adresse suivante :

Service de la promotion de la femme.
Bureau E-1277.
Centre international de Vienne.
Boîte postale 500.
A-1400 Vienne (Autriche).

Document établi par le Service de la promotion de la femme. Centre pour le développement social et les affaires humanitaires. Département des affaires économiques et sociales internationales. Organisation des Nations Unies. Imprimé au Centre international de Vienne.

Document publié grâce aux fonds mis à la disposition du Centre pour le développement social et les affaires humanitaires. Service de la promotion de la femme, par le Gouvernement japonais.

## BIBLIOGRAPHIE

Les portraits et témoignages de ce livre ont été recueillis à l'intérieur de 3 entités :

— Action Catholique Générale Féminine (ACGF)
98, rue de l'Université - 75007 Paris
Revue : *Le Gué.*

— Comité Catholique Contre la Faim et pour le Développement (CCFD)
4, rue Jean Lantier - 75001 Paris
Revue : *Faim et Développement Magazine.*

— Les Guides de France
65, rue de la Glacière - 75013 Paris.

— " Le Reveil " ed. PADH.

Des extraits de livres ont également été repris :

" Si on me donne la parole " Moema Viezzer, ed. Maspero.

" Stratégies pour les femmes " Jeannette Laot, ed. Stock.

" A cause d'Elles " Yvette Roudy, ed. Albin Michel.

" La guerre larvée " - Editions L'Harmattan - Photos José Mayans.

Documents des Nations-Unies dans ses diverses familles qui nous ont servi. Merci pour ce travail invisible et impressionnant.

## CREDIT PHOTOS

— UNHCR / Y. Müller - D. Bregnard - A. Billard - M. Vanappelghem - V. Spärre-Ulrich - L. Taylor - D. Bregnard.

— CIRIC : Frédéric Pitchal.

— Photolange.

— Gérald Bloncourt.

— Photos de couverture : CIRIC et Marie-Paule de Pina / CCFD.

# TABLE DES MATIERES

Composé par Economica, 49, rue Héricart, 75015 PARIS
*Imprimé en France.* — JOUVE, 18, rue Saint-Denis, 75001 PARIS
N° 18210. Dépôt légal : Décembre 1987